如果作文有密码，那一定是热爱。

如果作文有密码

吴友财　主编

海峡出版发行集团
THE STRAITS PUBLISHING & DISTRIBUTING GROUP
福建人民出版社

图书在版编目（CIP）数据

如果作文有密码 / 吴友财主编 . --福州 ：福建人民出版社，2025.6. -- ISBN 978-7-211-09843-9

Ⅰ.G634.343

中国国家版本馆 CIP 数据核字第 2025XY7425 号

如果作文有密码

RUGUO ZUOWEN YOU MIMA

主　　编：吴友财
责任编辑：谢云英　王丹艺
责任校对：李雪莹
出版发行：福建人民出版社　　**电　　话**：0591-87533169(发行部)
网　　址：http://www.fjpph.com　　**电子邮箱**：xyying2006@163.com
地　　址：福州市东水路 76 号　　**邮政编码**：350001
经　　销：福建新华发行（集团）有限责任公司
印　　刷：福建省金盾彩色印刷有限公司
地　　址：福州市金山浦上工业区 D 区 24 座
电　　话：0591-87718701
开　　本：890 毫米×1240 毫米　1/32
印　　张：9
字　　数：180 千字
版　　次：2025 年 6 月第 1 版
印　　次：2025 年 6 月第 1 次印刷
书　　号：ISBN 978-7-211-09843-9
定　　价：48.00 元

目　录

上　卷

中　卷

下　卷

上　卷

我们为什么要写作文

写作文是痛苦的，这个大概没有人会否定，至少在我的印象里，还真记不起来哪位学生是以写作文为乐的，顶多就是没那么痛苦：“还行，试试看，说不定就写出一篇优秀范文了呢！”能有这样的心态，我觉得身为语文老师，我们的作文教学就算成功了。毕竟，作文的可恶之处明显多于可爱之处。

其一，学生没有充足的时间来实现立意高远、选材新颖。谁都知道立意与选材之于作文的重要性，但留给他们斟酌的时间真的不多。初中生一般只有四十五分钟左右的时间来完成一篇应试作文，仓促之间确实很难想得周全。其二，学生没有充沛的情感来感动自己，继而打动读者。对于初中生来说，人生的精彩绝大多数还只停留在幻想的层面，他们的生活充斥了太多看似不可或缺的课程、负责任的老师们布置的作业等等，匆忙的脚步剥夺了他们思考与发呆的时间，学习的疲惫吞噬了求知的欲望，而没有生活的体验哪来对生活的理解？ 贫瘠的土地怎么可能长出参天大树？其三，学生没有充分的自由来选择倾诉的话题。 虽然我们不应苛责应试作文要限定题目，但这一点无疑极大地消磨了学生写作文的热情。 强而为文，故事的虚构、情感的虚假自然难以避免。

以上三点只是粗略而论，作文令学生头痛的地方还有很多，比如写一篇六百字的作文需要具备精练的表达能力，让作文条理清晰而必需的谋篇布局技巧，等等。

此外，我们还可以看到，人工智能时代的来临彻底颠覆了社会生活的方方面面，其中也包括写作。 借助人工智能，我们可以轻而易举地完成一篇论文，作文自然更不在话下。 未来，我们是否可以畅想，人类将彻底摆脱文字创作的苦恼，从单调琐碎的遣词造句的劳动中解放出来，实现精神世界最大限度的自由？ 未来，写作者该何去何从？

这么不受欢迎的作文，我们为什么还要去写呢？ 除了不得不写的理由之外，我也给同学们找出了三点作文的可爱之处。

首先，是享受创造的快乐。 七年级上册教材中有篇课文叫《女娲造人》，同学们都学过。 女娲在莽莽榛榛的原野上行走，日月经天，山川草木、鸟兽虫鱼应有尽有，但她只觉得孤独。 直到有一天，她想到了要创造出像自己一样的生物来加入世间。 于是，她动手创造生命，并获得了快乐。 写出一篇属于自己的优秀作文，何尝不是享受这样的创造之乐？ 刘勰在《文心雕龙》结尾写道：“傲岸泉石，咀嚼文义。文果载心，余心有寄。”意思是，高傲、自由地纵情山水间，琢磨为文之道；如果写出的文章能够表达自己的心意，那么，心灵就有所寄托了。《肖申克的救赎》作者，美国作家斯蒂芬·金在《写作这回事：创作生涯回忆录》一书里也曾这样描述自己写作的快乐：“随着腿伤开始愈合，头脑重新习惯旧日的程序，这种日子越来越多——我能感受到那种幸福的陶醉，感到自己找对了字眼，并将它们连缀成句。整个过程好比坐在起飞前的飞机上，你在陆地上，还在陆地上，还在……然后你就离地而起。”这就是文字创造的快乐。通过文字，你创造了一个属于自己的情感世界，文字代替你哭，代替你笑，启发你的思考，说出你的心声。也许有一天，你会把写作当成一项值得终生热爱的、高雅的兴趣爱好，从而寻获一份内心的笃定、从容、自信。这样的快乐不但令人陶醉，而且有意义。

其次，获得认识这个世界的最佳角度。通过写作来认识世界，你会看到一个不一样的世界。世界是客观存在的，从我们来到世上的第一天起，我们就在尝试感知、认识这个世界。而无论我们多努力地睁大眼睛观察，拉长耳朵倾听，我们对这个世界的认知都是肤浅的；只有当我们自己敞开心扉，学会思考，深入地解析这个世界，我们才算真正开始读懂它。写作，是认识世界最高级的方式。因为，我们不仅仅是在思考，我们还借助表达的方式，让这种思考具象化、系统化、纵深化。思考的过程也许是痛苦的、纠结的，但思考的结果必定是豁然开朗的、充实的。作文是写作的初级形态，尽管二者的创作规则、创作目的有所不同，但都需要充分借助思考的指引，从而抵达心灵的秘境。从这个角度来说，同学们也在借助写作文的方式认识这个世界——感受人间真情，理解生活真谛，思考成长意义，寻找自身价值。以学生苏晓平的作文《啊啊》为例，该篇作文讲述的是“我”家楼下一位遭遇车祸而不幸落下了残疾的阿姨如何与命运抗争的故事。文中人物众多，除了主人公的婆婆蛮横无理以及几个调皮的孩子捉弄她之外，其他人——包括阿姨的丈夫，“我”的奶奶、妈妈，小区里的邻居，垃圾场工作人员等，都对这位阿姨的遭遇表示同情并为她提供帮助。由此，“我”感受到人性的善良和人与人之间的温情。而这，不正是作者想借这篇作文寻找到的世界纷繁芜杂的表象之下所隐藏的精神内核吗？爱是一切矛盾的根源，爱也是解决一切争端的终极武器。世间一切的排斥与争斗都源于狭隘的爱，而一切的包容与原谅都归功于博大的爱。通过这篇作文，我们是不是可以衍生出这样深刻的思考？

最后，提升逻辑推理能力。文字是表情与达意的载体。表情，指的是抒发情感，是感性的功能；达意，指的是阐明事理，是理性的功能。传统的诗歌等骈文侧重于表情，小说、戏曲等广义上的散文侧重于达意。而不管是何种形式的文章，都需要写作者由表及里具备一种层次感，即文章的结构与条理。哪怕是如李白一样一气呵成、汪洋恣肆的诗歌，其内在的逻辑依然有章可循。比如《行路难》，前八句叙事，后六句抒情。前八句里，一二句极言筵席之盛，三四句点明内心苦闷，五六句道出仕途艰难，七八句表露渴望有为；后六句中，先感慨现实困境之严峻，后抒发追求理想的坚定信念。李白的诗歌如此，其他的文章自不必提。缜密的结构不但有助于疏通文理，使读者更深刻地理解作者的写作意图，而且体现出一种审美上的追求。中华民族是崇尚诗性的民族，而诗歌讲究格式美、音律美、意境美，中国的文学由诗发源，自然把这种美学追求自觉地延续了下来。哪怕是一篇形式上相对自由的文章，作家们也尽量把它写得和谐而美观，主次分明，纲举目张。因此，要想写好一篇作文，一定要强化谋篇布局的观念；反过来，想要让自己成为一个逻辑清晰、具有辩证思考能力的人，那就多写作文吧！

有了以上三点，写作文多少变得可爱一些了吧！至少，它很重要，它的有用程度超出你的想象。尽管它看起来还是那么严肃，但可能是因为你离它有点远。当你试着走近它，了解它，你会发现它更多的闪光点、更多不易被察觉的可爱之处；而它也会报你以微笑，与你同行，带你走在领略文学、生活、艺术之美的大路上。

急功近利是作文教学的大敌

当前，我们的作文教学面临着这样一种困境。部分教师唯“分”是图，不从作文能力提升入手，指导学生学会如何一步步地构思与表达，而是本末倒置，一味追求高大上的素材，让学生背作文、抄素材，机械地套作，满纸言不由衷的瞎编乱造，以求给作文披上一层“华丽”的外衣，博得满堂喝彩。悲哉，痛哉！

仿佛一夜之间，无数同学在作文里拥有了一位精通某项非遗技艺的长辈，要么是精通刺绣的祖母，要么是会打铁花的爷爷，要么妈妈会登台唱京剧，不一而足。故事则无一例外地在诸如玉兰花开的浪漫季节里上演，在梦呓般的场景里复现，在文化传承的坚守里落幕。

此股急功近利的教学之风若不及时刹住，将贻害无穷。不可否认此种做法对于短时间内提升学生的作文成绩有奇效，尤其是写作能力比较强的学生，用这样的方法，能够迅速写出高分作文。但在我看来，此种做法无异于涸泽而渔，得了眼前的小利，却赔上了根本，得不偿失。

其一，学生对作文丧失了宝贵的兴趣。学生通过观察生活，提炼出真知灼见，并把这种有意义的体验与思考转化成文字，有条理、生动地呈现出来，是为作文。故作文的魅力在于自由的表达。当然，任何的自由都是相对的，尤其是应试作文，限制得比较多，但总有一些自由发挥的空间留给学生。比如：记叙文如何选材、如何立意、如何行文等；议论文看似规矩甚多，其实也可以写出不同样式、不同风格。作为语文老师，我们要尽力保护好学生心中这一点点微弱的渴望自由表达、敢于真实表达、乐于真实表达的火苗，而不是把作文教学僵化成一种搬运素材、抄袭文字的行为，浇灭学生宝贵的创作热情。要知道，当学生对作文深恶痛绝的时候，老师再灌输一套高分作文的“有效”办法，这就像把一个健壮的人折磨到奄奄一息，再给他灌补药一样可笑。林语堂说：“人生必有痴，而后有成。”“痴”就是对获取知识的渴望，对探索新知的着迷，就是兴趣。“痴”是“成”的前提，“成”是“痴”的归宿；但有所“痴”，必有所“成”。

其二，忽视了对学生基础写作能力的培养。写作能力的提升是一个循序渐进的过程，学生首先要亲历生活，感知生活，品味生活，然后以生活经历为素材，通过写人、记事、状物等途径，对生活中面临的各种问题发表议论、抒发情感，达到文由心生、笔润心灵的目的。教师引导学生从身边的人写起，从身边的小事记起，给学生锻炼写作能力提供最佳的契机，使其有具体的形象可以描摹，有切身的体会可以凭借。言之有物，则笔触更纤细、更有力，文章自然就显得不空洞、不矫情。反之，一味追求表面文字的繁缛浮艳，会让学生认为细致的铺垫是多余的，平实的叙述显得不够高级，从而对写作进行去“粗”存“精”的简化，舍去貌似不出彩的文字，留下自认为光鲜亮丽的句子。最后导致的结果必然是学生的基础写作能力得不到提升，不懂得该如何细腻地记叙与描写，只懂得浮夸地议论与抒情，本末倒置，主次不分。此外，语文教学要围绕如何提升学生的语文核心素养展开，即提升学生的文化自信、语言运用能力、思维能力、审美创造能力。作文教学是实践这一教学任务的关键。对学生基础写作能力培养的忽视将极大程度地阻碍学生语文核心素养的提升，违背语文教育的初衷。

其三，不利于学生创造能力的提升。在科技发展日新月异的今天，创新意识与创造能力是人类最应该具备的东西。站在人工智能即将改变每个人生活方式的时代节点上，我们比以往任何时候都要迫切地意识到，教育不是把知识简单地传递给学生，而是要培养学生独立探究知识、独立解决问题的能力，即“是什么”并不是最重要的，“为什么”才重要，“该如何”最重要。作文是检验学生是否具备创新性思维的重要途径。学生的创造能力在作文中如何得到锻炼与体现？可以说方方面面都可以，比如独树一帜的立意、不落俗套的观点、新颖别致的表达、巧妙独特的结构等等。而不管是哪一个方面的亮点，都不可能通过虚假的套作作文来获得。当剽窃与抄袭变得堂而皇之并且回报丰厚的时候，费力的思考与探索就成了累赘。不要怪学生为何写出千篇一律的作文，而要反思我们在教学中是不是固化了好作文的标准。而当我们奉这种言之无物、内容空洞的作文为圭臬，鼓励学生漫天伪造情感、编造谎言的时候，危害又更深了一层。

当然，不是说写作文不能涉及文化传承、家国情怀等宏大命题，相反，我们要鼓励学生从小我出发，立远大志向，抒万丈豪情，于作文方寸之间，见广阔的天地，寓深刻的道理。但是，我们要遵循文字创作的规律，要培养学生的阅读习惯、写作兴趣，要提升学生的写作能力，要尊重不同年龄段学生的生活经历、知识储备、思考能力。对于初中起步阶段的学生而言，踏踏实实地写人、记事、状物永远是头等大事，只有先学会把身边人、身边事写活了，写生动了，才能更进一步去辩证说理，去立高远的意、抒豪迈的情。

作文不是你想写什么就写什么

著名作家李娟谈到自己的创作经历时，说过这样的话："写作是需要取舍的，需要一些内容衔接调整，不能像流水账一样，不能想到什么写什么。我写作的时候，想象自己是读者，我自己愿意不愿意看这样的作品，怎样表达才不那么乏味。"

在很多人心中，文学是神圣的、崇高的，而在这里，李娟却把文学一下子拉下了神坛。原来，我们一直以为锦绣文章是作家受灵感之神的眷顾而幸运地创作出来的，正所谓"踏破铁鞋无觅处，得来全不费功夫"，想不到也是作家苦心钻营的结果，匠气十足。

文学尚且需要运筹帷幄、斟酌计较，作文难道就可以天马行空、自由驰骋吗?

很多学生对作文有一个误解，即认为作文就是要说出心里最想说的话，自由表达，写最真实的自己。每当我告诉他们不能这么写，或者给他们的作文打低分的时候，他们看着我，内心的潜台词是：为什么不行？ 我没有离题呀！

举个例子大家可能会更明白。

比如，一篇作文题目为“告别________”。 有的学生在《告别游戏》中就这么写：曾经的我喜欢打游戏，沉迷其中，对自己高超的网游水平沾沾自喜，如今，上了初中，课业负担加重，学校加强电子产品管理，留给我打游戏的时间越来越少，没办法，我只好告别它，于是我内心充满了不舍，但也没有办法，希望暂时的“分别”能为自己换来优异的成绩。

这样的作文，想必很多学生都写过。 审题有问题吗？没有。 能得高分吗？ 不能。

这样的作文就属于典型的切入分作文，也就是及格作文。 原因很简单，就是它的立意普通，格调不高。 什么是立意？ 立意就是中心思想，以及让中心思想凸显的主要手段。 唐代诗人杜牧曾说：“凡为文以意为主。”其推崇的就是立意。 立意是一篇文章的气韵所聚，精华所在，集中体现了一篇文章的格调、境界、深度。 一篇作文有了高远的立意，就如同插上了一对翅膀，可以直入云霄；反之，就会俗不可耐。

为什么说《告别游戏》这样的作文缺乏高远的立意呢？因为它与生活零距离，可以看作是对生活的忠实记录。 优秀的作文不是对生活的简单描摹，而是要对生活素材进行必要的裁剪与拼贴。 所以说，作文要来源于生活且高于生活，源于个人的经验而写出一个群体的心声。 打个比方说，作文不是对生活进行简单的拍摄，而是在拍摄的基础上对视频素材进行剪辑、再加工，从而生成的一部视频短剧。

那么，该如何让自己的作文有高远的立意呢？

首先，积累独特的生活经验，让自己成为一个有见识的人。

尽管作文不能照搬生活，但无视生活的真实又会让作文走入另一条歧途。丰富的生活经验永远是写作素材的第一来源。要想写出生动的、富有生命力与内在张力的作文，首先要做生活的有心人，多观察生活，多参与生活，多品味生活。素材独特新颖，作文自然立意不俗。

以余星宅同学的作文《家的味道》为例，该篇作文通过写妈妈、爸爸对“我”的爱，揭示主题：家的味道就是沐浴在亲情里的温馨与幸福。其中，有两处描写尤为精彩。

其一：

从小到大，我最喜欢吃的就是妈妈做的西红柿炒鸡蛋。金黄的蛋液倒进油锅里，伴随着“哧啦”一声，蛋液迅速凝固鼓起。飞快翻面，片刻后蛋饼就成形了。妈妈把蛋饼拨到锅边沿，倒进切成块的西红柿，快速翻炒，加入少许温水，西红柿很快就渗出红色的汁液。再把蛋饼划到西红柿汁里，和西红柿混合翻炒，加入调料，出锅前撒入少许葱花，一盘热腾腾的美味的西红柿炒鸡蛋便新鲜出炉了。我最喜欢看妈妈炒这道菜，感觉格外温馨。无论我开心或者不开心，妈妈问我想吃什么时，我都会很大声地说："西红柿炒鸡蛋。"妈妈有时候会笑我："格局打开点。"可是在我看来，任何美味佳肴都比不过妈妈的这盘西红柿炒鸡蛋。

本段文字看似普通，其实值得细品。首先，作者先以一句总括之语引出下文要写的内容；接着，详细描述了妈妈做西红柿炒鸡蛋的四个步骤：煎蛋饼、炒西红柿、混合炒、撒葱花出锅；最后，以轻松活泼的语调记录了"我"与妈妈的打趣过程，以夸张的语气表达"我"对这道菜的情有独钟。

其二：

小时候当我走不动的时候，爸爸总是把我扛在肩膀上，带着我去玩耍，去旅行。妈妈笑说，我是在爸爸的肩头长大的。每次听到这句话，我都觉得无比幸福。当我和爸爸一起锻炼时，看着阳光下投射在地面上的爸爸强壮的身影，我总会获得一股无形的力量。

刚才是妈妈的爱，现在是爸爸的爱。妈妈的爱让"我"感受到温馨满足，爸爸的爱则让"我"变得坚强。

两个语段综合起来，亲情的味道就变得更浓了，为什么呢？因为这两个素材来源于作者独一无二的生活经验，尽管只是琐碎的小事，但妈妈为"我"做西红柿炒鸡蛋与爸爸把"我"扛在肩膀上去玩耍、旅行是很多同学不曾观察到或经历过的，接地气，有辨识度，所以更真实，更容易引起读者共鸣。

其次，大胆而合理地发挥联想与想象，让自己成为一个有趣味的人。

一个不懂得创新的人是无趣的。写作文也一样，如果只是有一说一，不懂得变化相生之道，写出来的作文多半会让人觉得枯燥，索然无味。

再举个例子。如果要写一篇关于家中妹妹的作文，你会怎么写呢？很多同学可能会这么写：导入话题之后先写妹妹的出生——来到世上以及“我”的身边；接着采用先抑后扬的写法，先写妹妹的不可爱之处，再笔锋一转，写妹妹的可爱之处；结尾抒情，表达对妹妹的爱。这样的思路无可指摘，但论立意，就未必那么高明了。我们来看看吴语桐同学是怎么写的。

吴语桐首先给她的作文取了一个很有新意的题目：《恶魔与天使》。文章的思路与以上很多同学的构思一致，只是她别具匠心地植入了“我”对妹妹的印象转变过程：由一开始的嫌弃到进一步的厌恶，于是便对妹妹以“恶魔”相称，最后通过刻画妹妹的懂事，扭转“我”对妹妹的印象，变妹妹为“天使”，结尾自然而然地回到标题与主题。

你是小恶魔，也是天使。可不管是什么，都要谢谢你愿意降临，成为我的妹妹。

这样的立意，是不是就高明了很多呢？“恶魔”与“天使”的想象不但十分契合“我”对妹妹的印象，体现出浓烈的爱憎之情，而且对比强烈，富有表现力，提升读者的阅读兴趣，也必定会给读者留下深刻的印象。“谢谢你愿意降临，成为我的妹妹”这一句，更是通过精彩的联想把这种姐妹亲情推向高潮。可见，大胆发挥联想与想象可以让作文异彩纷呈。但有一点也要牢记：在发挥联想与想象的过程中，一定要注意合乎常理，不能无视生活规律，凭空随意捏造。

最后，广泛阅读与积累，让自己成为一个有才华的人。

“腹有诗书气自华”，一个人的才华既来源于自身，也从外界获得，阅读无疑是最佳的途径之一。要想写好作文，没有广泛的阅读与积累作为支撑，是很难实现的。阅读与积累不仅为学生遣词造句的丰富性、谋篇布局的合理性提供了更多的可能，同时也弥补了学生生活经验的不足，扩大了选材范围。

以赵云飞同学的作文《跨越》为例，该篇作文突破了很多学生写“我”如何“跨越”人生中的困难、疑惑等思维定式，不写“我”而写“他”——苏炳添，以类似于为苏炳添作小传的形式串联起苏炳添在人生不同阶段的几次“跨越”，有力地印证了主题：不懈的奋斗与跨越是人生的全部意义。

可以说，没有广泛的阅读与积累，便没有赵云飞同学的这篇作文。这篇作文也让我们看到他博览群书的优秀品质，关注时事的生活态度，以及将阅读与积累转化为一篇应试作文的能力。所以说，想要写出一篇有深度、有厚度、有广度的作文，先要让自己成为一个有深度、有厚度、有广度的人。刘勰在《文心雕龙》中说："表里相资，古今一也。"这就强调了要想写出好文章，就必须勤学苦读的道理。王国维在《人间词话》里说："东坡之词旷，稼轩之词豪。无二人之胸襟而学其词，犹东施之效捧心也。"说的也是这个道理。通过广泛的阅读与积累提升自己的认知、思考与表达能力，厚积薄发，写出见情见性的文字，这才是写好作文的大道。

总之，作文不是你想写什么就写什么，而是要写出独特的生活经验，写出让人耳目一新的话，秀出你的学识和才华。

让作文枝繁叶茂、有血有肉

“具体充实”是初中语文课程标准中对写作的一项要求。同学们如果能够琢磨透这四个字，就会打开一片写作新天地。

先明确“具体充实”的内涵。具体，指的是描述事例要言之有物，不要空泛地表达，笼统地指称；充实，指的是作文要有丰富的内容，包括一波三折的故事情节、饱满立体的人物形象、真诚热切的思想感情等。如果说一篇好的作文是一棵树、一个生命的话，充实就相当于这棵树枝繁叶茂、遮天蔽日，具体就相当于一个生命有血有肉，而不是徒有其表，只是空架子。

《从百草园到三味书屋》是鲁迅《朝花夕拾》中的经典篇目。通过对这篇文章的解读，我们便可得知鲁迅是怎么让文章枝繁叶茂、有血有肉的。

一方面，我们从宏观的角度来解析，领略让作文枝繁叶茂（充实）之道。

这篇文章紧扣题目，包括“百草园”（1—9段）、“三味书屋”（10—24段）两部分的内容。其中，第9段起承上启下的过渡作用，因为告别百草园的意味更浓，所以我们把它归入上一部分。

> 我不知道为什么家里的人要将我送进书塾里去了，而且还是全城中称为最严厉的书塾。也许是因为拔何首乌毁了泥墙罢，也许是因为将砖头抛到间壁的梁家去了罢，也许是因为站在石井栏上跳了下来罢，……都无从知道。总而言之：我将不能常到百草园了。Ade，我的蟋蟀们！Ade，我的覆盆子们和木莲们！……

这一段相当精彩，不但在结构上承担起过渡的功能，而且在内容上点出了“我”去三味书屋的动机以及三味书屋的显著特点。“拔何首乌毁了泥墙”“站在石井栏上跳了下来”与开篇对百草园的描绘相呼应，“总而言之：我将不能常到百草园了”道出别离境况，“Ade，我的蟋蟀们！Ade，我的覆盆子们和木莲们”则抒发对百草园由衷的不舍之情。其中，与蟋蟀、覆盆子、木莲以朋友相称，更体现出感情之深、离别之痛。

进一步分析两个部分的内在结构，我们会发现，鲁迅有条不紊地为我们讲述了在百草园与三味书屋中的多件趣事（在百草园里拔何首乌、摘覆盆子，听长妈妈讲美女蛇的故事，跟闰土父亲学捕鸟等），回忆了多个无聊时刻（问“怪哉”怎么回事遭拒绝，读书、习字、对课的枯燥等）。百草园是纯粹的有趣，与童年的“我”爱玩的天性完美契合；三味书屋是无趣为主，有趣夹杂其中，童真受到压制，唯有苦中作乐。

综合而言，通过阅读本文，我们可以看到一个在批判封建教育限制孩子天性的同时，向单纯快乐的童年生活投去温柔一瞥的温情脉脉的鲁迅。而这，更接近于一个真实的鲁迅：鲁迅是一个反封建的斗士，更是一个无时无刻不在寻找精神家园的诗人，一个负责任的丈夫，一个温柔的父亲，一个爱护晚辈的长者。在《朝花夕拾》的《小引》里，鲁迅说：“我有一时，曾经屡次忆起儿时在故乡所吃的蔬果：菱角，罗汉豆，茭白，香瓜。凡这些，都是极其鲜美可口的；都曾是使我思乡的蛊惑。后来，我在久别之后尝到了，也不过如此；惟独在记忆上，还有旧来的意味留存。他们也许要哄骗我一生，使我时时反顾。”可见，鲁迅对这些“旧事”的怀念之深。真实的故乡已经不在了，鲁迅借“夕拾”这些“朝花”，抵达自己心中的那个故乡。理解了这些，才真正有助于我们把握这篇文章的思想感情。由此，我们也可以感受到本文内涵之丰富。

讲到这，同学们应该明白了怎样才能让自己的作文变得充实吧？可以学习鲁迅这种谋篇布局的思路，尽量不要只写某时某刻某地发生的某件事，而要写多个时刻（从童年到少年再到成年）、多个地方（从百草园到三味书屋）发生的多件事（苦乐交织），打破时空的壁垒并融入丰富的情感内涵，这样作文之树就枝繁叶茂了。

另一方面，我们从微观的角度来谈谈让作文有血有肉（具体）的有效方法。

在文章第2段，鲁迅饶有兴致地回忆起自己童年时在百草园中的快乐经历，文笔之细腻很值得同学们好好学习。

> 不必说碧绿的菜畦，光滑的石井栏，高大的皂荚树，紫红的桑椹；也不必说鸣蝉在树叶里长吟，肥胖的黄蜂伏在菜花上，轻捷的叫天子（云雀）忽然从草间直窜向云霄里去了。单是周围的短短的泥墙根一带，就有无限趣味。油蛉在这里低唱，蟋蟀们在这里弹琴。翻开断砖来，有时会遇见蜈蚣；还有斑蝥，倘若用手指按住它的脊梁，便会拍的一声，从后窍喷出一阵烟雾。何首乌藤和木莲藤缠络着，木莲有莲房一般的果实，何首乌有拥肿的根。有人说，何首乌根是有像人形的，吃了便可以成仙，我于是常常拔它起来，牵连不断地拔起来，也曾因此弄坏了泥墙，却从来没有见过有一块根像人样。如果不怕刺，还可以摘到覆盆子，像小珊瑚珠攒成的小球，又酸又甜，色味都比桑椹要好得远。

同学们写作文的时候也经常写到去某个地方游玩参观的事例，为什么写不出这样纤毫毕现的感觉呢？因为不懂得理清写作的顺序，调整观察的角度，调动多种感官，运用不同写作手法对写作对象进行全面而深入的刻画。我们来看看鲁迅是怎么做的：

第一个层次，也就是本段第一句。先罗列出百草园留给“我”最深刻的印象。以“不必说……也不必说……”的句式串联起菜畦、石井栏、皂荚树、桑椹、鸣蝉、黄蜂、叫天子（云雀）等七种景物，如数家珍，体现出“我”对百草园之喜爱。“不必说”的意思不是不值得提，而是无须回忆即在眼前，因为太熟悉了。观察的角度总体来说是由低到高。写作的顺序是先写植物，再写动物，一动一静，相映成趣。视觉描写为主，听觉描写（鸣蝉长吟）进行补充，富有画面感与动态美。这个层次的文字像简笔画，从大范围勾勒出百草园的样貌。

余下的文字是第二个层次。“单是周围的短短的泥墙根一带，就有无限趣味”起总括作用。“单是”二字既承接上文，也引出下文，起强调作用，有此处风景独好之意。紧接着描写了油蛉、蟋蟀、蜈蚣、斑蝥、何首乌、木莲、覆盆子等七种景物。写作顺序是先写动物，再写植物，还是动静结合。此外，作者还详略结合，略写动物，详写植物，尤其是让“我”产生“吃了便可以成仙”幻想的何首乌，充分体现出“我”童年时的天真，也间接体现了百草园的好玩。细心的同学还可以发现，这部分运用了听觉（“低唱”“弹琴”“拍的一声”）、视觉（“一阵烟雾”“人形”“像小珊瑚珠攒成的小球”）、味觉（“又酸又甜”）等多种感官对百草园进行描写。“油蛉在这里低唱，蟋蟀们在这里弹琴”是拟人句加对偶句，“覆盆子，像小珊瑚珠攒成的小球”是比喻句，“色味都比桑椹要好得远”是对比句。这个层次的文字像工笔画，从细节处让百草园变得生动起来。

再反观同学们写的作文，很多都是空有躯壳而缺乏纤细纹路的大而无当之作。比如，写人，缺乏对人物外貌特点、性格癖好、职业身份等的基本介绍；记事，光顾着从“我”的角度去讲述，忘了让人物各自“活”起来，让它们演对手戏，有语言、神态、动作、心理上的互动；状物，则更加“敷衍”，妈妈做的面就是好吃，就是香，好吃在哪里？香到什么程度？都说不出来。这样的作文千篇一律，不要说打动读者，自己写完都不想再看一眼。

作文是灵魂的舞蹈，是文字的艺术。一篇好的作文肯定是思想与内容的完美结合，是深度与广度的双向拓展，是整体与细节的巧妙搭配。最后，希望同学们都养成宏观布局与微观雕琢并重的写作习惯，从大处着眼，由小处落笔，有大将气度，也有工匠精神。只有这样，作文才真正符合具体充实的写作要求，既能枝繁叶茂，又会有血有肉，经得起推敲，耐得住品味。

讲好奥运故事，发掘奥运精神

奥运会是四年一度的体育盛会。2024 年的奥运会由巴黎主办，参加的国家和地区数量创历史新高，中国体育代表团在本届奥运会上更是创造了历史纪录，令世界瞩目。

奥运会举办恰逢暑假，同学们可以坐在电视机前一览其盛况，大家是否想过要将奥运会的知识介绍给读者，或记下观看过程中发生的小趣事，表达自己的观看感悟呢？这一定是一件非常有意义的事情。

如何在一篇作文的篇幅内讲好奥运故事，并拔高立意，深化主旨，发掘出奥运精神呢？

首先，要肯花时间看奥运。素材是一篇文章的筋骨，作文忌华而不实，叙事描写少，议论抒情多。只有以客观翔实的事例作为基础，做好铺垫，由此生发感慨，作文才更容易引起读者的共情。所以，只有好好看奥运，才能写好奥运。奥运会持续时间约为两周，这么长的时间跨度，很多同学是做不到由始至终紧跟赛程全程关注的。这没有关系，可以结合新闻报道，有选择地关注，比如观看自己感兴趣的赛事，选取其中的典型片段作为作文素材，以点带面，串联起奥运的全过程，使文章内容完整，有纵深感；也可以通过阅读新闻报道，深入了解自己喜欢的运动员的事迹，感知奥运背后的故事，丰富作文的内容。

其次，要学会讲奥运。关于奥运的故事林林总总，纷繁芜杂，如何撷取有用的素材，条理清晰并且有重点地向读者介绍奥运？需要注意以下几点：一是过去的故事少讲或不讲。关于奥运的历史及其他方面的介绍可以一笔带过，重心要落在对本次奥运会的介绍上。二是“我”必须在场，不能缺席。要从“我”的视角来看奥运，从“我”的感受出发来品奥运，避免把作文写成关于奥运的客观新闻报道。三是要从不同的角度来讲奥运。奥运会包括开幕式、正式比赛、闭幕式等主要环节，比赛项目多样，参加的选手来自各个国家与地区，可讲述的点很多，要避免在一个地方薅羊毛的讲述方式，从多个角度全面地介绍奥运会。四是详略得当，为作文扩容。以一篇作文的篇幅肯定无法详尽地介绍清楚奥运会，怎么办呢？重要的内容详写，次要的内容略写，详略结合，让作文内容更充实。

最后，要学会品奥运。这就关系到确立作文的立意与主题了。奥运会既是运动健儿们竞技的赛场，也是国家与地区体育水平、综合国力的比拼，同时，奥运会在全球范围内具有巨大的影响力，这就决定了奥运不是一个简单的话题。关于奥运，我们可以说的有很多。

可以谈家国情怀。奥运赛场上，每一次五星红旗升起，都激荡起中华儿女的爱国之情。奖牌榜上递增的，不仅是成绩，更是民族自信心、自豪感。要知道，中国在1984年美国洛杉矶奥运会上才由许海峰实现了奥运金牌零的突破；2008年北京奥运会，我国在金牌榜上位列第一，真正跻身体育强国；如今，我们国家的体育水平蒸蒸日上，进一步确立了体育强国的地位。这条奥运之路，见证了我们国家由落后到崛起的艰辛历程，承载了中国人对国家富强、民族复兴的光荣梦想与殷切渴望。当潘展乐以46秒40的成绩斩获巴黎奥运会男子100米自由泳金牌，用实力打破世界纪录时，我们激动；三天后，中国队更是在男子4×100米混合泳接力比赛中勇夺金牌，打破了美国40年的垄断，我们自豪。

可以谈个人奋斗。运动员们同台竞技，谁更快更高更强，谁就是胜者。奥运赛场既是运动员们相互较量切磋的平台，更是实现梦想的地方。比如郑钦文击败克罗地亚选手，勇夺网球女单冠军，既为自己斩获首枚奥运奖牌，也为中国奥运网球单打项目收获首枚金牌。结合这位21岁姑娘艰难坎坷的“起飞”之路，我们完全可以写出一篇关于青春的奋斗宣言。

面对挫折时，或逆风翻盘，或坦然接受失败，这是谈个人奋斗时绕不开的话题。在东京奥运会乒乓球男单决赛中，樊振东痛失金牌。但他总结经验，勇敢面对，终于在巴黎奥运会乒乓球男单决赛中，扛住巨大压力，笑到了最后。成功固然值得庆贺，失败未尝不值得喝彩。吴艳妮第一次参加奥运会女子100米栏项目，虽然只取得复活赛小组第四名的成绩，但依然创造了历史，成为中国目前在奥运会该项目上唯一一个跑进13秒的人；老将石智勇带着腰伤出战，拼尽全力，虽遗憾落败，但他为中国举重贡献了全部的力量，精神可嘉。

每一届奥运会都有一些话题为观众所津津乐道，大家也可以谈一谈自己的体悟。比如在男子110米栏中以13秒40的成绩晋级半决赛的徐卓一，因为梳着中分，还戴着一副眼镜，观众便送外号“玉面书生”，调侃他“以为是搞奥数的，结果是搞奥运的”。殊不知，这位文质彬彬的运动员本身就是“学霸”，他是同济大学2024级的本科生。在外形上如徐卓一一样引爆话题的还有土耳其大叔——51岁的土耳其射击选手优素福·迪凯奇，他只戴着一副普通眼镜、一副普通耳塞就上场比赛，还潇洒地单手插兜开枪，极度松弛的状态点燃了观众调侃的热情，大家纷纷夸其是“土耳其扫地僧”，也有人说：“土耳其是派了个杀手参赛吗？”诸如此类的话题有很多，同学们可以选择一二进行评点，谈谈“人不可貌相”“没有人能够随随便便成功”等道理，既让文章变得生动有趣，也容易写出真感情，引发读者共鸣。

关于奥运会，能讲的肯定不止以上这些。奥运精神的核心是更快、更高、更强、更团结，围绕这些，同学们都可以畅所欲言。总之，大胆选择新颖的角度，运用自己擅长的写法，具体选用恰当的事例，充分展示自己的文采，相信自己，你一定可以把奥运故事讲得精彩，讲得动人。

由《看月与探月》浅谈初中作文提升之道

2024年福建中考的作文题目既在意料之中，又在预料之外。以下是作文题目：

> **三、写作**（60分）
>
> 20. 阅读下面的材料，按要求写作。（60分）
>
> **材料一：**
>
> 20年来，从给月球拍照片，到首次在月球背面登陆，再到成功带回月壤，中国已顺利完成“绕、落、回”三步走战略目标，为人类月球探索事业作出了杰出贡献。
>
> （刘峣《中国探月工程走过20年　九天揽月　探索不止》）
>
> **材料二：**
>
> 月亮一直是我们遥看的对象，寄托着我们无尽的情思；月亮也是我们探索的对象，承载着我们无限的梦想。
>
> 读了上面两则材料，你有什么感受与思考？请以《看月与探月》为题，写一篇文章。
>
> 要求：自选角度；自选文体；自定文意；不要套作、抄袭，不要泄露个人信息；不少于600字。

从中可见，材料一陈述事实，表明中国探月工程对世界航天科技事业产生积极影响；材料二描述月亮，即月亮自古以来就是中国人民情感之所寄。

意料之中，在于题目是考生熟悉的命题作文；作文标题也是熟悉的二元互证类型，与2020年的福建中考作文题目《学习与性格》类似；并且材料内容契合科教兴国的热门话题，2024年高考作文恰好是关于人工智能的话题，学生并不陌生。预料之外，在于时事类作文一向是初中作文的冷门题型，从老师到学生，对此类题型的重视程度都不够，并在潜意识里将之认定为高中作文的题型；初中作文题目中所给的材料一般只提供一个话题，或家国情怀，或成长感悟，或亲情友情等等，指向性很明确。

不少同学看完这个题目可能会感觉无从下手，但稍加思考便会发现，话题其实还是老话题。

其一，要想写好这篇作文，题目一定要扣住。“看”与“探”的不同之处、交集之处一定要明确。“看”就是想、说、认识，“探”就是做、行动、突破，所以“看月与探月”就是说和做，知与行。这是深层意蕴上的理解，字面上的扣题也是必不可少的。考生在行文过程中如果抛开“看月与探月”五个字高谈阔论，即便言之凿凿也很难得高分。

其二，体裁上记叙文与议论文都可以尝试，难度都不大。

记叙文的话，以第一人称为例，可以先由“看月”的话题引入，谈“我”的梦想，接着就是同学们驾轻就熟的写作套路了：谈实现梦想的过程、遭遇的挫折、如何突破困境等等，最后交代事件结果，即“我”成功了，将“我”的故事与“探月”对接，生发人生感慨，揭示哲理，完美收篇。这可能是大部分同学能想到的思路，素材新颖、写作手法多样的同学会脱颖而出。

议论文的话，同学们要对“看”与“探”进行深入的解读，阐明二者之间的辩证关系：说（知）是基础，做（行）是升华；说（知）是原因，做（行）是目的；光说（知）不做（行）不行，说（知）与做（行）结合才是成功的正确途径。明白了这一层，谋篇布局就变得容易了。开篇，可以由材料里的登月话题引入，直接阐明中心论点，即知很重要，行更重要。接着，可以这样确立分论点：其一，知是行的前提和基础；其二，光有“知”是不够的，行动与实践才是成功的有力保证。论据充分、论证有力的同学很容易取得制胜先机。

不同的体裁，写法肯定是不同的。从立意上来讲，以下几种是比较契合题意又容易言之成文的思路：立定志向，实现梦想；说做统一，知行合一；民族自强，奋斗不息；民族复兴，爱国情怀；科技发展，科教兴国；人文科技，交相辉映。

以上是关于2024年福建中考作文题目的解析。如何写好该篇作文固然重要，而如何透过本次作文题目，发现当下语文（作文）教育的新变化，并衍生出有针对性的解决办法，才是最重要的。针对2024年福建中考作文命题的新思路，结合初中学生的作文学习现状，我认为，以下三点是同学们要着重关注的。

一是要有看懂题目、灵活转化的能力。

为文的首要任务就是审题。能不能提取出题目里的核心信息，理解关键词的含义，是对学生思维能力的考验。可惜，很多同学会在这个环节栽跟头。比如一篇作文的题目是“青春底色”，有的同学就会在文中详细陈述自己儿时的经历，很显然该同学忽视了对“青春”二字的审视。而在2024年福建中考题中，也有不少同学无法准确提取出“看”与“探”二字的不同之处，理解其内在的逻辑辩证关系，以至于把作文写成简单的“望月怀远”式的思亲类作文，只有“看”而没有“探”，扣题不紧。要想看懂题目，一定要有灵活转化的能力，懂得穿过题目表层字义去探究深层含义（由外而内），懂得参透题目关键词中的辩证关系（由此及彼），懂得辐射出单个词语的多重含义（举一反三），理解透彻，严丝合缝，思虑周全。

二是要有深入思考、评点时事的能力。

中考不同于平时考试。作为选拔性的升学考试，中考除了检验学生初中阶段的学习成果，还必须为新阶段的学习任务做铺垫，为相应人才的选拔服务。这就决定了中考作文的命题必然向考查学生的思维能力方向延伸。同学们在初中三年的作文学习中，一定不能只满足于写出一篇篇真挚动人的情感类、成长类作文，而要不断向下“深挖”，增加自己的素材积累，不断向外拓展，锻炼自己思辨类作文的写作能力，全面提升自己的写作素养。以《看月与探月》为例，同学们固然可以写成一篇谈个人奋斗、实现理想的情感类、成长类作文，但同时也容易陷入人云亦云的困境，选材立意方面都难以超群。反之，同学们如能具备深入思考的能力，对时事有更多的关注与了解，则可以从家国情怀、科技创新等更多方面入手，写出更开阔、更有思想深度、更有人文情怀的作文。千古文章意为先，想要有高远的“意”，善“思”必不可少。

三是要有谋篇布局、建构文章的能力。

不管是记叙文、议论文，还是散文，谋篇布局都是至关重要的。缜密的结构之于一篇作文，正如一个人的筋骨之于精气神，是起决定性的支撑作用的。一旦结构松散，语无伦次，即便再优美的文笔，再出类拔萃的立意，都如绵软无力的花架子，经不起细品。古人说文章要有凤头、猪肚、豹尾，说的就是要有谋篇布局的层次感。刘勰的《文心雕龙》里也有“风骨”一章专门论述结构的重要性：“辞之待骨，如体之树骸”，“若瘠义肥辞，繁杂失统，则无骨之征也”。“统”，本义是丝的头绪，引申为纲领的意思。“繁杂失统”，说的就是行文没有条理，语序混乱，层次不明。再回到《看月与探月》，这篇作文的结构根据文体不同，可以有多种变化，但无论如何，由“看月”过渡至“探月”是比较稳妥且实用的写作思路。

作文之路要越走越宽，作文提升之道也不是三言两语能够概括得了的。就应试而言，以上三点直接决定了作文得分的高低，望同学们慎之、重之。

中考写作考前指导

中考在即，不少同学提到作文就头痛。但无论如何，作文是语文试卷里非常重要的一个内容，谁也逃避不了，唯有正视它，才能战胜它。何况，对于应试作文而言，文章立意选材不够高明，写作思路过于简单，乃至语言风格囿于稚拙等等，都可以通过一定数量的写作训练得以提升与改善。为文之道贵在善思，而善思之源在于多读。

蒲松龄说："书痴者文必工。"毋庸置疑，阅读很重要，阅读对写作有极大的促进作用。但对于写作文而言，不是所有的阅读都能迅速、高效地转化为写作文的能力。很多同学常有此疑问："我从小爱阅读，从古今中外的名著到唐诗宋词，乃至童话寓言等，都广泛涉猎，为什么还是写不好作文？"这个其实再正常不过，因为作文与文学不对等，大量阅读文学作品确实有助于开阔眼界、增长见识、提升思考辩证的能力，但若想直接有效地提升写作文的能力，最好的途径非阅读优秀作文莫属。学习他人作文中的妙处，为自己所用；留意他人作文中的败笔，提醒自己要规避。这是写作文之路上颠扑不破的真理。那些对作文模仿嗤之以鼻，而又不知道如何发前人之所未发，以至于手足无措，连最起码的写作规律都没掌握的同学，其实是捡了芝麻丢了西瓜，最后发现芝麻竟然还没有炒熟。

既然是应试，就有评价优劣的标准，作文也一样。《义务教育语文课程标准（2022年版）》以及初中教材中每个单元的写作任务与要求已经很明确地告诉我们衡量初中作文好坏最重要的六个标准：中心明确、文体明确、思路清晰、具体充实、立意新颖、文从字顺。其中，中心明确、文体明确、思路清晰、具体充实、立意新颖都是就宏观的角度而言，只有文从字顺是从接近微观的层面进行考查。可见，要想写好初中作文，一定要有大局观，兵马未动粮草先行，笔墨未及而有成竹于胸。

以下我针对初三同学最需要注意的几个点，谈一谈我的看法，希望对同学们的作文提升有所帮助。

一、注重积累，避免陷入无米之炊的困境

很多同学只重视议论文素材的积累，而忽视了记叙文素材的积累。其实，不管何种文体，做好积累都至关重要。没有新鲜的食材，再高明的厨师也做不出可口的饭菜。

1. 议论文

议论文以说理为目的，长于雄辩，要求写作者有缜密的辩

证思维，并运用充分的论据来确立自己的观点。要想写好议论文，光有论点没有论据，肯定是不行的。论据的充分与否直接决定了论证是否有力。论据不但要充分，最好还要多样，既有事例，又有名言，从古到今，由中而外，翔实而精确，环环相扣。

例如，施想同学在《擎团结一致之灯，照命运共同之路》一文中，先由《吕氏春秋·有始》中的“天地合和，生之大经也”一句引出中心论点：“团结就是力量，唯有以积众之力向未来，方能同担时代使命，共建人类命运共同体”；紧接着衍生出三个分论点：“群策群力，撰写集体辉煌篇章”“勠力同心，铺就华夏繁荣画卷”“同舟共济，传唱世界最美和声”；再分别以多个论据论证三个分论点；结尾回到“擎团结一致之灯，照命运共同之路”的主题，展露出娴熟的议论文写作技巧以及丰富的素材积累成果。

《擎团结一致之灯，照命运共同之路》	
开篇：提出中心论点	论据： ①《吕氏春秋·有始》：“天地合和，生之大经也。”
分论点一：群策群力，撰写集体辉煌篇章	论据： ①“单丝不成线，独木不成材。” ②中国桥梁人从陆上走向海洋，数以万计的建设者凝聚磅礴伟力，自主创新，攻坚克难，登顶“桥梁界的珠穆朗玛峰”——港珠澳大桥。 ③华为企业设立茶思屋，黏结人才，思维碰撞，相互启发、借鉴，助力企业科技创新。

分论点二：勠力同心，铺就华夏繁荣画卷	论据： ①“人心齐，泰山移。” ②党领导人民团结一致，抗敌御侮，踏上争取民族独立、人民解放的漫漫征程。 ③山火蔓延，兄弟省市的消防员、志愿者齐心协力，共筑一道坚不可摧的“防火长城”。 ④樊锦诗远赴大漠，深耕敦煌往事，姚兰、朱蒙佳复兴古韵中华传统技艺，青年对中华传统文化生生不息的热爱，共同织造锦绣文化图谱。 ⑤“像石榴籽一样紧紧抱在一起。”
分论点三：同舟共济，传唱世界最美和声	论据： ①古罗马哲学家塞内加：“我们是同海之浪，同树之叶，同园之花。” ②在全球化浪潮裹挟之下，世界各国若固守零和博弈，以邻为壑，只知自扫门前雪，如何能成就人类文明新辉煌？若任由某些帝国主义霸权肆意操纵世界，一味干涉、制裁他国，和平之路注定走不远。 ③疫情突发时，“中国邮包”火速派发，“中国经验”倾囊相授，中国在美美与共的团结之路上彰显大国担当，弘扬大国精神，唱出最美和声。
结尾：强化中心论点	“一枝独放不是春，万紫千红春满园。”

2. 记叙文

记叙文的素材积累包括两种。一种是“我”所见，即“我”自己在学习、生活中的所见所闻所感。自己有亲身经历，写起来便富有真情实感，无矫饰之气，容易以真诚打动读者。另一种是“我们”所见，即并非“我”本人的所见所闻，而是同龄人的亲身经历。“我”虽然不在场，但这些事情在“我”身边经常发生，“我”再熟悉不过。对于这些事情，“我”也有内心的共鸣。

第一种素材是直接素材，要在生活中获得，完成任务的途径只有一条，就是做生活的有心人，多体验生活，多感受生活。第二种素材是间接素材，来源广泛，可以借助阅读他人范文获得，也可以通过自己生活中的观察与倾听取得。

很多同学误解了“作文要写出真情实感”这句话的意思，认为写作文就是不能编，一定要写自己亲身经历的事情，否则就是不真诚，情感虚假。于是，每到写作文的时刻，便搜肠刮肚，绞尽脑汁，最终还是想不出生动的事例，写不出像样的作文。其实，这个看法是肤浅且片面的。我认为，“真情实感”有广义与狭义之分。狭义层面，自然指的是自己亲身经历的事情及由此而发的感受；广义层面，也可以指“我们”这一代人正在经历的一些事情、应该会有的一些感受。情感真不真诚，不在于这件事情有没有在“我”身上发生，而在于这件事情是否正在“我们”的身上、身边发生。一篇作文是否有打动人心的力量，不在于故事是否出自“我”本身，而在于情感是否代表了“我们”的心声。当我们以一种宽阔的视野去看待这个世界，去审视“我们”这一代人，我们的作文也会因此变得开阔，变得厚实。再比如一篇题为“别着急，慢慢来”的作文，作者通过讲述“我”去外婆家，外婆为“我”耐心熬粥而“我”心浮气躁，碰倒椅子，并且不待粥凉下来就张口喝，结果被烫的经历，得出一个人生道理：做任何事都要沉得住气，戒骄戒躁；慢不是放弃，而是为了更好地抵达。很多同学读完此文，问我该故事是不是真实的，何必纠结于此呢？这篇作文以小见大，写出了诸如你我这样的普通人平淡而琐碎的日常生活瞬间；这些碎片串联起来，为我们描摹出具体而生动的生活图景，给我们以深刻而有益的感悟与启迪，这已经足够了。因此，他山之石可以攻玉，同学们不必在此过多纠结，应大胆地积累一切有用的素材，结合自己的学习与生活实际丰富这些素材，给它们打上自己独一无二的烙印，这才是素材积累与使用之道。

二、注意审题，避开题目里无处不在的陷阱

注意审题，这已经是老生常谈了，大多同学会认为没有重提的必要。然而，作文审题不认真的情况却时有发生，很难避免。究其原因，主要是初中作文题目中的关键信息往往是二元甚至是多元的，很多同学缺乏全局意识，顾此失彼，只注意到局部信息，未能写出题目所要求的全部内容，导致偏离题意。因此，越是重要的考试越要认真审题。

1. 二元对立型

二元对立型指的是题目中包含两个关键信息，且它们之间构成对比关系。比如“扛下了一切”，“扛”，意为勇敢承担，默默承受。“扛下了一切”即承担了所有、付出了全部

之意。主人公个体力量之有限与所面临的困难之大形成巨大反差。如果写爸爸妈妈为“我”遮风挡雨这一类题材，一定要凸显以上两个要点。再比如“方寸之间天地大”这个题目，“方寸之间”与“天地大”同样构成对比关系，不管是写对传统文化的坚守还是抒发爱国之情，都要秉持小中有大的双向写作理念。再如“看似寻常”这个题目，“寻常”就是普通，可以是主人公身份普通、能力普通等等，也可以是一个场景普通、某件事普通；“看似”则有相反之意，故欲作此文，必须写出普通之处的不普通，寻常是铺垫，不寻常才是主旋律。

2. 二元并列型

二元并列型指的是题目中包含两个关键信息，且它们之间构成并列关系。比如“仰望星空，脚踏实地”，“仰望星空”的意思是明确目标，有仰望星空的志向；“脚踏实地”的意思是踏实实践，有矢志不渝的毅力。一个说的是立志，一个说的是奋斗，二元并列。按题目意思，此文若写成演讲稿，“仰望星空”“脚踏实地”正好可以作为两个分论点。

3. 二元互证型

二元互证型指的是题目中包含两个关键信息，且它们之间构成某种关系。比如“捕捉幸福”，是“动词＋名词”的形式，“捕捉”是寻找的意思，“幸福”指内心的温暖。这个题目看似简单，其实很有迷惑性。很多同学会光顾着记录父母给予的关爱等等，而忘了体现“捕捉”的动机与过程。再比如“先手”，“先手”意为占据制胜的先机，未雨绸缪，防患于未然。如果不能准确理解这两个字的内涵，作文多半不能写到点上。还有作文题目“高光时刻”，是“形容词+名词”的形式，“高光”修饰“时刻”，指一个成功的瞬间、一次突破、一个扬眉吐气的机会等等，小到个人，中到集体，大到国家，都可以书写。

4. 多元互证型

多元互证型指的是题目中包含两个以上关键信息，且它们之间构成某种关系。这是难度最大的一类题目，很少有同学能注意到所有关键信息并将它们一一呈现出来。比如“逆风也很美”，这里有三个关键词：“逆风”“也”“很美”。很多同学都会写到“逆风”“很美”，即在逆境中坚持，迎难而上，却忘了还有个“也”字。当然，这个字的重要性肯定不如“逆风”与“很美”，却不容忽视。“逆风也很美”的潜台词是“顺风固然美”，只有把这一层意思融进作文里，在文章开头做好相应的铺垫，来体现顺风之美，审题才算合格。类似的还有“这岂是一件小事”。该题目是反问句式，语气强烈，也包含了三个关键信息：“这”“岂是”“一件小事”。题目的意思很明了，就是小事不小，细节决定成败。“岂是”二字不易察觉。跟“逆风也很美”一样，“这岂是一件小事”的潜台词是很多人（或某些人、某人）觉得这件事情微不足道。缺少了这一层铺垫，作文再怎么精心雕琢都是美中不足的。

以上是几种容易让同学们“掉坑”的题目类型，罗列出来供大家参考。有意思的是，福建近年中考作文题目都延续了这样的命题思路。如下表：

年份	中考作文题目	题目类型	解题思路
2019	最好的作品	二元互证型	“作品”可以有狭义、广义之分。狭义的作品指的是一件手工制品、一幅画等等，广义的作品可以指某个心愿，甚至可以是未来的“我”等等。为什么是“最好”的？“最好”体现在哪里？这两个问题要明确。
2020	学习与性格	二元互证型	提示语中培根所说的“凡有所学，皆成性格”八个字已暗示考生写作方向。“学习”是因，“性格”是果。欲成大器，必须锤炼性格；欲养成性格，必须刻苦学习。
2021	这些故事感动了我（用于“奋斗百年路，启航新征程”校园主题演讲比赛）	二元并列型	“奋斗百年路”是回望历史，总结经验和教训；“启航新征程”是展望未来，坚定信念，憧憬梦想。为了避免让作文掉入假大空的伪抒情语境里，考生要处理好以上二者之间的详略关系。尽量少回顾过去，多谈谈当下；少罗列历史知识，多总结与反思。

续表

年份	中考作文题目	题目类型	解题思路
2022	好，更好	二元互证型	根据题中所附的漫画及其他引导语，可知此文要写环保主题。“好”与“更好”为递进关系。“好”可以指今天人与自然的双向奔赴，“更好”即畅想未来，书写美好愿景。
2023	韧战	二元互证型	“战”指的是奋斗、拼搏等一切的努力；“韧”是修饰语，本意是“柔软结实而不易断裂”，这里指的是一种百折不挠、持之以恒的精神与意志。两个字合起来，便是持之以恒地努力之意。“韧”是关键字，必须在文中得以凸显，“韧”体现了“战”之艰难，体现了“战”之坚毅，体现了“战”之伟大。

三、谨慎布局，改掉想到哪里写到哪里的毛病

想到哪里写到哪里是当下很多初中生的写作通病。究其原因，还是要回到开篇那句话，因为作文不是文学。文学讲究灵感眷顾，然后“妙手偶得之”；作文依靠精心谋划，“预则立，不预则废”。作家借天马行空的想象与大胆创新的语言创作出独树一帜的文学作品；而作文一旦失去了谋篇布局的基础规划，则容易“节外生枝”，或“比例失

调”。文学作品因独特而富有生命力；作文是讲究写作规范的，即遵循前文提到的六个评判标准。所以，一定要养成列提纲再动笔的习惯。提纲可以简要，但不可省略。谋篇布局是否有效归根结底取决于学生思维能力的高低，所以，适当的逻辑推理能力训练是有必要的。

1. 议论文

议论文是一种高度格式化的文体，熟练掌握议论文的写作套路很有必要。考虑到初中作文篇幅以及完成时间都有限，同学们写的议论文不外乎以下两类。

(1) 单层次议论文

即开篇提出中心论点，文章主体部分直接运用多个论据论证中心论点。如下图所示：

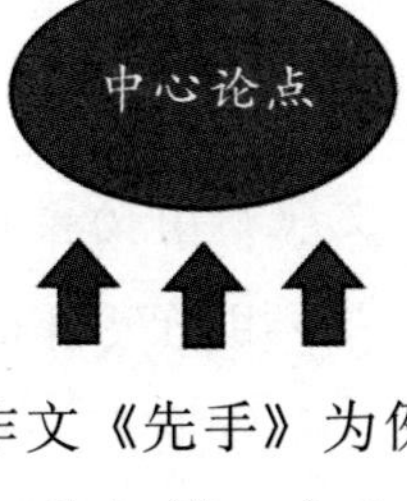

以张恬恬同学的作文《先手》为例，作者开篇提出中心论点，即“俗语道：‘万物如棋，宁失一子，莫失一先。’其实，古今中外世间之理，莫不如此”；紧接着分别运用项羽优柔寡断错失良机、甲午战争北洋水师全军覆没、古罗马时期安东尼与屋大维相争三个论据，从正反两方面对中心论点进行论证，最后作者结合自身，阐明下好“先手”棋的具体表现以及对当下的重要意义，收束全文。

单层次议论文的优点是对论据数量的要求不高，三个论据即可成文。对素材库不够充盈的同学而言，是一个不错的选择。缺点也很明显，就是内容略显单薄，缺乏理论深度，说理不够透彻。想要有更强的论证效果，不妨试试双层次议论文。

(2) 双层次议论文

即开篇提出中心论点，文章主体部分大多是三段式结构，分别罗列出三个分论点并运用论据进行论证，收篇强化中心论点。如下图所示：

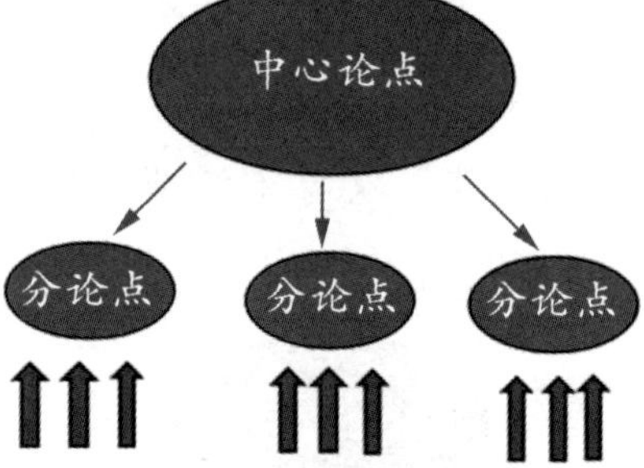

以卢俊轩同学的作文《不用扬鞭自奋蹄》为例，作者开篇先提出中心论点——“不用扬鞭自奋蹄应成为我们最需要的品格”，接着罗列出三个分论点——“端正态度，奋蹄才有实效”“心怀理想，奋蹄才有依据”“坚持不懈，奋蹄才有意义”并分别进行论证，最后结合当下，对青少年该如何“奋蹄”作具体阐述：“作为新时代少年，我们应端正态度，心怀理想，坚持不懈，将命运握在自己手上。愿吾辈少年就像步履矫健的野马，不用扬鞭自奋蹄，不必在意一路的坎坷险阻与耳旁呼啸的疾风，在人生一望无际的草原上，

跑得快些，再快些。”

双层次议论文说理更透彻，论据更充分，能起到更好的论证效果。

议论文写作最忌结构松散，文字指向性必须十分明确，不宜出现模棱两可、含糊不清的表达，大体上要按照先提出问题（要做什么）、再分析问题（为什么要这么做）、最后解决问题（如何做）的顺序来完成。

此外，在议论说理的过程中，很多同学只会简单地堆砌论据，把名言警句与名人事例一股脑儿地放在一个语段里，似乎这样就算在议论说理了。其实这样的议论犹如隔靴搔痒，逻辑上是不严密的。完整的议论说理语段应包括五个步骤：旗帜鲜明的观点句＋解读观点的阐述句＋摆出论据的材料句＋剖析材料的分析句＋总结观点的结论句。比如施想同学的《仰望星空，脚踏实地》中的这一段：

> 其一，我们应当明确目标，有仰望星空的志向，给自己一个目标，让生命燃烧。从古至今，成大事者无不心中有目标，脚下有方向，于是玉汝于成，实现价值。且看，范仲淹以天下为己任，淡泊明志，刻苦求学，终成一代名臣；再看，五四青年坚定“救亡图存”之救国目标，不畏压迫，四处奔走，敢于发声，最终“外争主权，内除国贼”，吹响了时代前进的号角。正是目标，给予了他们不断向前的动力与勇气。对于即将面对中考的我们，目标也不可或缺。目标，

可以让我们在复习感到疲倦时凝聚起温暖的力量；可以在取得好成绩时提醒我们戒骄戒躁，继续前行。我认为，立志应立大志，立远志，我们应当把目标定在需要踮起脚才够得到的地方。有人说："向着月亮出发，即使不能抵达，也将站在群星之中。"是的，这就是我们仰望星空的意义：燃烧生命的激情，成为更好的自己，让青春不留遗憾。

从中我们可以梳理出完整的议论说理语段应包括的五个步骤：

步骤	例句
观点句	首先，我们应当明确目标，有仰望星空的志向，给自己一个目标，让生命燃烧。
阐述句	从古至今，成大事者无不心中有目标，脚下有方向，于是玉汝于成，实现价值。
材料句	且看，范仲淹以天下为己任，淡泊明志，刻苦求学，终成一代名臣；再看，五四青年坚定"救亡图存"之救国目标，不畏压迫，四处奔走，敢于发声，最终"外争主权，内除国贼"，吹响了时代前进的号角。
分析句	正是目标，给予了他们不断向前的动力与勇气。
结论句	对于即将面对中考的我们，目标也不可或缺。目标，可以让我们在复习感到疲倦时凝聚起温暖的力量；可以在取得好成绩时提醒我们戒骄戒躁，继续前行。我认为，立志应立大志，立远志，我们应当把目标定在需要踮起脚才够得到的地方。有人说："向着月亮出发，即使不能抵达，也将站在群星之中。"是的，这就是我们仰望星空的意义：燃烧生命的激情，成为更好的自己，让青春不留遗憾。

当然，对于初中生的议论文而言，并不要求五个步骤完全具备，但如果能做到这一点，你的议论文必定是出类拔萃的。

2. 记叙文

常见的记叙文（包括散文）的结构有两种基础样式，我称它们为A样式和B样式。

A样式指的是通篇只用一个素材，按照起因、经过、结果的写作顺序贯穿全文。比如刘宸瑞同学的《水杯》，全文以水杯为线索，围绕“我”得水杯、爱水杯、修水杯、弃水杯、用水杯、厌水杯、忆水杯、爱水杯等一系列的情节展开，前后衔接紧密，互为因果。A样式是同学们在小学阶段就一直尝试的作文样式，初中阶段肯定也写了不少。这是最典型的记叙文。

B样式指的是全文至少使用两个素材，讲多件事，且事与事之间没有必然且紧密的因果联系，基本可以把它们当作并列关系。比如蔡雨诺同学的《快乐，来自梦想》，文章开篇引入话题，然后直截了当地道明：“我拥有三个梦想，它们是我快乐的源泉”；紧接着，作者讲述了自己人生不同阶段的三个梦想：上幼儿园时想当兽医，小学三年级时想当画家，后来又想当服装设计师；篇末扣题，表达快乐之意，抒发追梦之情。

两种样式的作文本身并无高低优劣之分，只有哪一种更适合的问题。A样式的作文适合对一件事进行深入的挖掘与雕琢，借助激烈的矛盾冲突与一波三折的情节变化塑造人物性格；B 样式的作文写的是多个时刻、多个场合里发生的事，故容量更大，内容更充实，写作难度也较低（每个素材只要写 200 多字即可），但要谨慎处理好几个素材之间的联系，避免雷同与顺序颠倒。

从我个人角度而言，建议大家在同等情况下尽量写 B 样式的作文，因为风险小。A 样式的作文通篇只有一个素材，相当于把所有鸡蛋放在一个篮子里，风险很大；而 B 样式的作文一般有 2 至 4 个素材，就算其中一个素材过于陈旧庸俗，也不至于让整篇作文遭到否定。但有一种情况例外，就是有的题目更适合写成 A 样式或 B 样式，这要具体问题具体分析。比如以下几个题目：

适合 A 样式的作文题目	适合 B 样式的作文题目
记得那一次出发	最美的颜色
这是一种快乐	给十年后自己的一封信
那一刻，几分甜蜜在心头	这就是我
一次正确的决定	我和爱一起成长
餐桌前的谈话	一路上有你

四、锤炼立意，让文章格调高远，超凡脱俗

什么是立意？狭义的立意指的是中心思想，即该篇作文表达了什么，歌颂了什么，体现出什么样的思考等等；广义的立意指的不仅仅是作者的思想感情，还包括作者将这种

思想感情融进故事的讲述中，从而让读者感知到的一种技巧与能力。比如，两篇同样是歌颂母爱的作文，立意可能是不同的：甲文直抒胸臆，抒发对母亲的感激与赞美；乙文巧妙地借助二三事，寓情于事，含蓄而深刻地表达对母亲的感激与赞美。论立意高下，乙文更胜一筹。

再比如，作文题目“为自己赋能”，有个同学这样构思：首先引入话题并抛出问题——我们该如何为自己赋能；紧接着展开，谈世间山水草木都在为自己赋能，大自然生机勃勃，同学、亲友也在为自己赋能，努力进取，国家社会也在为自己赋能，繁荣富强；最后收篇，得出结论——为自己赋能是万物生长、个人进步、国家富强的动力。如此立意，就陷入了一种大而无当的话语情境中，看似汪洋恣肆，其实只是漫无边际地发力，而对于关键的点，着笔力度其实不够。在这篇文章里，作者行文的重心应该落在阐释如何为自己赋能这个问题上，但很明显，主体部分作者的逻辑是：世间山水草木、同学及亲友、国家社会都在为自己赋能，所以为自己赋能多么重要。作者不但答非所问，而且把“赋能”的概念无限扩大化了，变成了动植物汲取生长所需要的养分，个人领悟新知识、成长进步，国家重视科技发展、基础建设等，把简单的问题复杂化，徒劳而无益。“为自己赋能”，其实就是给自己鼓劲加油，坚定信念，勇往直前的意思，适合写成一篇关于青春、逆境、奋斗、梦想的成长类作文。

要锤炼出高人一等的立意，选材很关键。尤其是写记叙文，要抛弃已经被无数人写滥的老套素材，尽量多选择有生命力的、鲜活的、透着情感温度的素材。

什么样的素材是老套素材呢？我归纳出以下七个，同学们在写作文的过程中应尽量避免。

素材	用法举例	危害指数
①雨中送伞	爸爸（妈妈）送伞之前，“我”对爸爸（或妈妈）满肚子牢骚；送伞之后，被亲情感动了。	☆☆☆☆☆
②乞丐乐观乞讨	遇见乞丐乞讨之前，患得患失；遇见之后，“我”重新振作，重拾生活的信心。	☆☆☆☆☆
③清洁工扫地	清晨去学校路上看见清洁工在清扫街道，被其奉献精神打动。	☆☆☆☆
④打篮球、踢足球	两队对抗，展开激烈争夺，通篇都描写对抗过程。	☆☆☆☆
⑤爬山	遭遇困境，心情抑郁，跟父亲一起去爬山，感悟到要坚持不懈的道理。	☆☆☆☆
⑥考试考砸	学习受挫，忐忑不安地回家，妈妈没有批评，而是耐心鼓励，让我备受鼓舞。	☆☆☆
⑦参加歌唱、舞蹈、绘画、书法比赛	学习一段时日，正逢考级机会，经过老师（或父母）的鼓励，最终站在台上（或参加考试），顺利通过。	☆☆☆

为什么说以上几个素材要能避则避呢？其一，小学及初中阶段很多同学已经反复写过，缺乏新意；其二，对于乞丐、清洁工，同学们虽然经常接触，但并不了解，写起来通

篇尽是胡编乱造之语；其三，像打篮球、踢足球之类的素材，除了领悟到要胜不骄败不馁的道理，还能有多大的发挥空间呢？

什么样的素材是有生命力的、鲜活的、透着情感温度的素材呢？我认为主要有以下三个特征。

首先，尽量独一无二。

文学之所以动人，在于它永远引领着我们的心灵向着未知的那部分领域出发。有了新鲜的表达、新鲜的思想，作品才有永恒的魅力。作文也一样。情感可以雷同，但情感抵达心灵的方式却可以多样。老调不是不可以重弹，但一定要“弹”出别样的韵味。同学们要善于观察生活，从细微处感受生活中的真善美，学会从不同的角度看待问题，积累独属于自己的新鲜素材，为自己的作文加分。

比如郭奕君同学在《多为自己留一条路》里选取了这样的素材：妈妈是部队里的文艺工作者，平时工作很忙。妈妈做事情认真负责，凡事亲力亲为。妈妈也是一个热心肠的人。有一回，她的老同学给她寄了很多自家种的菜，妈妈就让“我”拿一些送给楼下的保安，也是爸爸老乡的黄伯伯。“我”很纳闷，不明白妈妈的用意。后来“我”才明白，“妈妈说的‘路’，是一个多么有用的东西。我们家的电闸坏了，黄伯伯主动上来帮我们修电闸；妈妈要去楼下拿东西，黄伯伯已经给她送了上来；在部队里，一份文件需要多人合作才能完成，大家纷纷伸出援手”。于是，进入初中,“我”也积极学习妈妈这种为人处世的方式,“慢慢地,我赢得了大家的信任,积攒了友谊,在我茫然失措的时候,大家也慷慨相助”。文章结尾,作者发表议论,紧扣题目,也表达对妈妈教自己做人道理的感谢:

> 有一次,妈妈问我:“现在你知道‘路’是什么了吗?”
>
> 是的,我知道了。是在你需要帮助时,别人也会伸手帮助你;是在你困难的时候,有人会毫不犹豫地把你拉出困境。关注他人的难处,其实就是维护自己的幸福。我太佩服妈妈的智慧了!
>
> 其实,多为自己留一条路,收获的不仅是“路”,更是温暖和爱。它拉近了人与人之间的距离,让温情传递,让善意永恒。感谢妈妈,她教会了我重要的人生道理。

这样的选材肯定会让读者眼前一亮,因为文中“我”的妈妈不是一个模糊的、概念化的、适用于所有人的母亲形象,而是一个具体的、令人可触可感的、独属于“我”的母亲形象。作者只不过在文中具体交代了妈妈的职业、为人处世的态度,让妈妈的老同学、黄伯伯、爸爸、妈妈的同事、“我”的同学们等次要人物依次出场,并且借“我”和妈妈的对话推动情节发展、揭示主题,就给文章贴上了自己的标签，熠熠生辉，可见选材多么重要，合理巧妙地处理素材多么见功夫！

其次，必须见情见理。

在记叙文中，每一个素材都是一个小的情感单位，都不能丧失生活的理趣。“情”指的是要饱含丰富的情感，“理”指的是要符合生活的常理，彰显高雅的志趣。

有位同学写了一篇作文《最美的身影》，大致的情节是这样的：酷热的夏天，“我们”一家人在家里惬意地吹着空调。突然空调坏了，于是爸爸便预约了维修师傅上门来修理。不久，师傅来了，修好了空调。望着师傅离去的身影，“我”不禁感慨，这真是“最美的身影”。这篇作文的立意显然是值得商榷的。我觉得最大的问题便在于它于情不够真诚，于理比较粗糙。一方面，理不够：空调突然无缘无故坏了，预约后师傅即可上门，查出问题立刻就维修成功……这些细节的设置过于简单，让人很难不怀疑故事本身的真实性；另一方面，情不深：一个陌生的修理工，不过是做了一件分内之事，竟让“我”感动不已，以至于赞其身影为“最美的身影”，如此浮夸，怎能引发读者的情感共鸣？所以说，作文素材的选择要很慎重，事可以小，但理不可以糙，情不可以淡。

如何做到情理兼具？让我们通过黄诗涵同学的《光》来学习一下吧。本文写了让“我”感动的三束光。其一，是一个小男孩在火灾中被消防员救出，由此立志要成为一名消防员的故事：

一场火灾中，消防员身穿厚重的防火服，一个接一个冲进火场，义无反顾。他们也只是二十岁左右的青年，眼里的坚毅却令人动容。他们有的将伤者救了出来，有的被队友抬了出来，还有的却再也出不来了……获救人员中有一个小男孩，灰头土脸的，眼睛却明亮清澈。他坚定地说："以后我也要当一名消防员，去救人……"长大后，他真的当上了消防员。

在那个地狱般的火场里，小男孩是如此痛苦与绝望。幸好，消防员的到来犹如一道光照进了他漆黑的世界。那一刻，他看见了光。现在，他也成了别人眼中的光，将光传播，将爱传递。

其二，是发生在"我"小区里的令人感动的一幕：

小区里流浪猫很多，可总是怕生，人们只好把猫粮放在小猫经常待的地方。每次放学回家，我总能看见一个小女孩将一碗猫粮小心翼翼地摆在路边。其实不止她这一碗，路边还整齐地摆放着许多。有些被小猫动过了，有些还是新的。我想，在流浪猫的眼中，这些人身上也一定散发着温暖的光。

其三，是在“我”家里，家人们给“我”的爱也是一束光：

> 我有一些坏习惯，晚上睡觉时会踢被子，忘记关窗户……每晚，等我熟睡后，外婆总会蹑手蹑脚地走进我的房间，轻轻地帮我盖好被子，再检查一下窗户关上了没，顺便把窗帘拉上，确认一切无误后，再蹑手蹑脚地走出房间。她不知道，其实我是醒着的。我闭着眼，也能知道外婆为我做的事，也许是因为，外婆身上的光太亮了吧。外婆对我的爱与关心像一束光照亮了我的生活，温暖了我的心，使我不再寒冷。

三个素材体现了三种情：小男孩对榜样的仰慕与追随、人们对小动物的怜悯与关爱、家人间血浓于水的亲情。三个素材也都散发着浓浓的人间烟火气息，体现出作者对生活细致的观察与深刻的体悟。这样的素材，才是见情见理的。

最后，最好有时代感。

“理想指引人生方向，信念决定事业成败。没有理想信念，就会导致精神上‘缺钙’。中国梦是全国各族人民的共同理想，也是青年一代应该牢固树立的远大理想。”初三学子处在少年向青年转变的关键节点，应励志笃学，勤于思考，勇于实践，响应时代的召唤。作为人才选拔考试中的一个重要组成部分，中考作文考查的不仅仅是同学们熟练运用汉字完成一篇文辞优美、结构整饬的文章的能力，更是检验同学们对社会与人生的理解、对社会主义核心价值观的认同程度，或者说，文字的背后是否站着一个立于新时代的天空下的大写的“我”。

当然，不能要求同学们把所有的素材都往高大上的方向拔高，那样又会走向另一个极端。写作文不但要因人而异，也要因题而异。不擅长指点江山、激扬文字的同学可以只写个人的微见闻、小感悟，以情动人；题目不适合谈家国大事的不必勉强，以防偏题离题。

以高孝霖同学的《飘香粽子情》为例，我们来看看在一篇作文里如何把个人与家国完美地融合在一起。

本文开篇先讲粽子的习俗与起源，定下开阔的情感基调。

提及端午，我们首先会想到什么？想必很多人的答案都是粽子。包粽子、吃粽子作为端午节的重要习俗，的确已经与我们的生活密不可分了。

粽子历史悠久。在古代，粽子很早就已经出现了，但最初的粽子，根据学者研究与推测，只是一种祭祀用品，类似于一种简单的饭团，不像现在的粽子一样由内而外地美味美观。据传直到屈原自沉于汨罗江，粽子才变得普及，成为家家户户端午餐桌上的美食。

如今，粽子已经成为一种文化的象征，深深地刻在每个中国人的心里。

紧接着，作者详细描述端午节时一家人聚在一起包粽子、煮粽子、尝粽子的经过，与开篇追溯历史、探究文化的大格局互补，一大一小，一略一详，有错落之美。结尾，再次回到家国话题，将大家与小家、今与昔完美地结合在一起，既呼应标题，更深化了主题。

看着妈妈在厨房忙碌的身影，我不禁想：飘香的粽叶、可口的糯米饭加上美味的馅料是粽子美丽的外在，而每一个粽子所寄托的则不仅有先人的智慧、爱国的情感，更有亲情的温暖、相聚的欢乐。中国人有最深厚的家国情怀，自然对粽子情有独钟。看来，粽子好吃，不仅因为它美味，更因为蕴含其中的情感吧！

这篇文章由小小的粽子说起，笔墨大部分花在包粽子、煮粽子、尝粽子的过程讲述与细节描写上，只在开篇与收尾轻巧地揭示粽子所蕴含的家国情结。但正是首尾这两处妙笔，让本文格调高远，立意不俗。

以上是我针对中考写作，从积累素材、审好题目、谋篇布局、选材立意四个角度给同学们的一些建议。当然要说的不止这些，比如：要保持卷面的整洁、书写的端正；文字表达要典雅大方，避免过于口语化；要给作文化点“妆”，多一点好词好句；记得处处扣题，最好开头、文中、结尾都要；篇末要适当进行议论与抒情以深化主旨；等等。囿于篇幅有限，只能挑重要的多讲一点。也希望同学们能明白，初中作文制胜的关键在于宏观上的完成程度，即选材立意是否妥当、高远，谋篇布局是否层次分明；微观上的处理当然也不可小觑，即上文提到的卷面、表达等等，同学们也要留心。总之，要写出一篇优秀作文，不是一朝一夕的事；但所幸，也不是三年五载才能实现的遥远梦想。写好作文固然需要天分，但更是一件技术活，但凡沉得下心，静得了气，虚心向学，笃行不怠，必有所成。

中　卷

01 命题作文：新。

新

/王筱优/

“新”好似一串永远悬在我们每个人心中的风铃。每当清风拂过，它便会奏响新的乐章，敲打着我们的心，让我们抓紧时间，告别过去，迎接新的人、新的环境、新的故事。

大自然中的“新”首推那春日的来临。

初春时分，万物都在沉睡，放眼望去一片荒凉。此刻，一丝春意正偷偷地从温暖的土壤中探出小脑袋。她要抢在所有生物苏醒之前来探探这世间风景，然后用最娇媚的姿态去迎接春日这个活泼的少女的光临。

春，不知不觉便降临了。和煦的春风伴着暖阳在某个午后走来。她在大地上跳着最优美的舞蹈，不知疲累，直到把最后一株贪睡的嫩芽从梦中唤醒，她才慢慢停下。随后，她化身一场温婉又滋润的甘霖，普降人间。一场春雨唤醒了冬日里沉睡的万物，植物在生长，动物在奔跑、飞翔，世间焕然一新，从此生机勃勃。

春雨过后，便是百花争艳的时节了。娇媚的桃花，纯白的梨花，淡红色的杏花，都争先恐后地来凑热闹，极力展示着娇艳与芬芳，惹得蜜蜂与蝴蝶成天围在一旁拍手叫好，然后飞到花上为它们授粉，指望它们把春天打扮得更加妩媚。

自然界中有万象更“新”，我们的生活又何尝不是旧去“新”来？

时间总是匆匆而逝，每一分每一秒都给我们带来不一样的体验：或欢乐，或满足，或悲伤，或愁苦……不管它曾经多么美好或多么黯淡，一切都会过去，新的总会来临，我们唯一能做的，便是笑着迎接新的，坦然面对旧的。

每一年的开始，人们都踌躇满志，带着无尽的希望与期盼。随着时间的推移，有些人渐渐忘了初衷，往往觉得自己有大把的时间可以挥霍，便贪图眼前的快乐，把事情不断地往后拖延。当新一年的钟声敲响，惊觉一年的时光又被消磨与浪费了，只能在梦醒时哀叹为何得不到命运的眷顾，在自怨自艾中一事无成。

新的必然代替旧的，这是自然的法则，但是否能够有一个值得期待的“新”，却在于每个人的选择。名为“新”的风铃又被清风奏响，它在催促着我们展开新的人生画卷。回首一望，旧事已随风。让我们迎着灿烂的朝阳，大踏步地迈向一段未知的、全新的旅途吧！

点 评

对于初一年级的同学而言，“新”的话题非但不陌生，而且有切身体会，很能唤起心中的共鸣：经历了小升初阶段，来到新的学校，认识新的老师、同学，学习新知识，开启人生新旅程，学会以全新的方式看待问题，等等，都可以写。

写成不难，但想要写好，还是要下一番功夫的。本文亮点之一在于作者从两个层面解析“新”的内涵。自然界中的“新”与生活中的“新”既相辅相成，又互为对立面，具有高度的概括性。亮点之二在于文笔上的错落有致。前半篇以描写的表达方式为主，侧重于对大自然之“新”的外在形态的描绘；后半篇以议论的表达方式对生活之“新”展开细致剖析，侧重于内在事理的探究。亮点之三为作者能在后半篇说理的基础上巧妙地进行总结，引出主旨并照应开篇的设喻，升华主题，展现出较为娴熟的文字驾驭能力。

新

/谢辰烯/

何谓“新”？ 新就是不同以往。 新景致、新思想、新希望……这一连串的新，串成了我们的新生活。

新，是冬季的最后一场雪，悄悄降落在大地上，轻抚着雪被下的春的幼苗。 漫漫雪花纷纷落，嫩嫩新芽点点深。

洁白肃静的薄雪下，柔软安适的泥土里，一棵棵幼苗在沉睡，等待着被轻轻地唤醒，奏起春的旋律。

新，是淅淅沥沥的细雨，悄悄飘在湖畔湾，默默滴在柳絮林。春雷一响，春雨降临。看那水面，一圈圈的微波漾起，一串串的涟漪荡去，闪烁着点点璀璨，引人无限遐想。此时雨丝如烟似雾，河边的垂柳、刚刚绽开的花儿，都在吮吸着甘甜的雨水，在烟雨迷蒙中轻轻摇摆。它们好像一个个跳跃的音符，正给大地弹奏着欢快的乐章。

新，是早晨冉冉升起的太阳，洒下万丈光芒，点亮了大地的每一个角落。火红的太阳露出了半边脸，慢慢地从云雾中升起，又突然跃出山峦，最后像一团火球悬挂在东方。刹那间，万道霞光洒遍大地，又是新的一天。太阳唤醒每一个沉睡的人，给他们无限的能量，去迎接新一天的挑战。

新，是现在的我们。我们这些刚萌生的嫩芽，正朝着初中这条充满未知与挑战的旅途进发，以新的面貌、新的身份面对新的环境、新的面孔。我们仿佛是雪被下的那株幼苗，得到了春雨的洗礼、暖阳的包裹，焕然一新。面对这个全新的环境，我们知道，此刻需要制订一个全新的计划，为自己拟定一个全新的目标并为之奋斗、努力，每个人都要书写新的人生篇章。

新，是希望的代名词。它喻示着一种新的开始、一条崭新的路、一个美好的未来。新事物必将代替旧事物，成长是一种蜕变，失去了旧的，必然迎来新的。所谓“新故相推，日生不滞”，这是自然的规律；“君子之学必日新，日新者日进也。不日新者必日退，未有不进而不退者”，这是社会的规律。作为未来的主人翁，我们唯有学习新知识、端正新态度、拥有新思想，才能跟上新时代的步伐。

让我们在蔚蓝的晴空下沐浴着暖阳，迎着清风，书写属于自己也属于时代的人生新篇章吧！

点　评

本文围绕“‘新’是什么”的话题展开，先分别以幼苗、春雨、太阳三种具体的形象来喻指“新”，给人以直观明朗的感受；紧接着，作者结合亲身经历，从初一新生的学习、生活实际出发，谈人生之“新”，并引出主旨——“作为未来的主人翁，我们唯有学习新知识、端正新态度、拥有新思想，才能跟上新时代的步伐”，立意高远，颇具匠心。值得称道的是，作者选取冬雪、春雨、太阳三种物象并非随意之举，而是经过细心斟酌的，这由文中“我们仿佛是雪被下的那株幼苗，得到了春雨的洗礼、暖阳的包裹，焕然一新”一句便可看出。该句统摄上文，引出下文，使全文浑然一体，可谓文中枢纽。

新

/陈晓媛/

小时候常常在书中读到对春天的描写：“万物复苏，生机盎然；河里化去了冰，树上冒出了新芽……”每每看见这样的句子，我都觉得缺了点什么。春天，也不是一直都在勤勤恳恳地工作的呀！她有点俏皮，也有点爱偷懒。

初春的田野说不上有多么妙趣横生，却也充满了生机。深一脚浅一脚地走在凹凸不平的田埂上，需要担心的不仅仅是脚下的土路，还有路边那些虽然瘦弱但生机勃勃的野花。只有单层花瓣的她们在还带着些凉意的空气中挺直了腰杆，如同仪仗队一般迎接春天的到来。单薄的花瓣时不时地还会被风吹得翻向一边，但她们依旧扬起或白色或粉色的脸蛋，抢着在樱花、桃花盛开之前先和春天打个招呼："嘿，你来啦，今年我们也有好好开花哟。"书上总写樱花、桃花浓妆艳抹地迎接春天的到来，但谁又能看见这些不知名的花朵的可爱呢？她们就如同天上的星辰一般，虽然一颗一颗很微小，却也照亮了一隅星空。在我眼里，这些叫不出名字的野花才是春天的使者呀。但春天咧？春天还在路上呢。

春天终于踏着小碎步来了。她这个懒家伙呀，走上几步就要停下来歇一歇。挑一块软软的土地，"啪唧"一声不管不顾地倒下去，吓得原本在土壤中打瞌睡的种子也要钻出来看个究竟。绿油油的身子一冒出来就再也缩不回去，这才得知是中了春天的一个小圈套。

就这样，春天搭着风的便车，吹醒了小草，叫起了更多野花，催树枝冒出新芽，让河水快些流淌。即使脚下还是同一条凹凸不平的田埂小路，但经过春的洗礼，许多奇迹正在悄然发生。是的，奇迹。因为它们的到来，整个世界焕然一新，这何尝不是一种奇迹呢？

其实，我们每个人都走在这样的一条田埂小路上。它会改变，会长出新的花朵，会冒出新的枝芽，我们不能总是以昨天的眼光去看待今天的事物。旧的总会过时，新的终将到来，我们要以全新的姿态去迎接每一段新的旅途。这条田埂小路和这段旅途有一个共同的名字，叫“人生”。

在人生的旅途中，我们不能总是怀念过去，因为我们改变不了过去；不用总是展望未来，因为未来终将因为我们而改变。把握当下，以新的目光看待这个世界，以新的方式回应这个世界，相信你一定会有新的收获。

抬起头，向前看吧！只有这样，我们才能在人生的旅途中看见新的风景，收获新的果实。

点　评

这是一篇语言灵动、充满诗意与哲思的美文。读这样的文字，是令人愉悦的，因为字里行间流淌着作者对大自然的美好想象，对世间万物的深入体察；读这样的文字，也是令人感同身受的，因为作者非常善于说理，能够将抽象的道理嫁接于有形的物象之上，深入浅出，大道至简。作者巧用修辞，一用拟人，把春天写得有情；二用比喻，把人生写得有形。相较于那些法度严谨的应试作文，我更喜欢读到这样灵动活泼的文字。正如本文所言：“她们就如同天上的星辰一般，虽然一颗一颗很微小，却也照亮了一隅星空”，野花虽无樱花、桃花艳丽、芬芳，但更加动人。本文也是这样的一丛野花，没有大开大合的结构，亦无优美辞藻的粉饰，但字字由心而发，与情共生，读来只觉唇颊生香，沁人心脾。

新

/薛婕媛/

中国人有一个做了几千年的梦：赴九天，问苍穹，访星辰大海。在古代，我们不仅有嫦娥奔月的神话，有空中飞车载人飞上苍天的传说，还有鲲鹏展翅、九天揽月等奇思妙想。

传说，我国明代官员万户是世界上第一个试图借助火箭的推力飞上太空的人。他把四十七支火箭安装在椅子周围，自己坐在椅子上，手拿两只大风筝，叫人点火发射。随着一声巨响，他消失在了火焰和烟雾中。尽管万户的火箭飞行尝试没有成功，但他仍然被国际航天史学家公认为人类飞行探索的先驱。为了纪念他，国际天文学联合会将月球上的一座环形山命名为“万户”。

万户勇于实践的探索精神极大地鼓舞着人们。数百年来，坚定而执着的中华儿女在实现飞天梦的过程中遭遇了无数次失败，却始终没有放弃探索太空的努力。

日复一日，年复一年，飞天梦在中国人心中潜滋暗长。一代又一代航天工作者经过不懈奋斗，不断尝试，终于梦想成真。这颗“航天梦”的种子，历经几千年的孕育，终于焕发出了新的光彩。

1970年，中国运载火箭“长征一号”成功将第一颗人造卫星“东方红一号”送入太空。点燃火箭的那一刻，筑梦者将中华儿女千百年来的心愿变成了现实，浩瀚星河不再是遥不可及的幻想。飞上蓝天，遨游宇宙，这本就美丽无比的梦，被时光和坚守赋予了更加瑰丽的色彩。

万户肯定想不到，许多年后，中国会有载人飞船叫“神舟”，有卫星导航系统叫“北斗”，有探月工程叫“嫦娥”。“玉兔”“祝融”“悟空”“鸿雁”“望舒”……这一个个美丽的名字，是他以生命为代价去探索的浩渺宇宙中最美丽的神话。

一次次技术的创新与突破，一个个跨越时空的命名，连接了古今，这是中国人最含蓄的浪漫。未来，让我们凭借科研技术的不断革新，在太空中谱写出新的篇章。让神舟载着新一代航天人的梦想，赴九天，问苍穹，访星辰大海，飞向更高更远处！

点评

本文境界开阔，立意不俗。“新”在何处？“一次次技术的创新与突破”，是技术之“新”；飞天梦成真，是时代之“新”。技术之“新”与时代之“新”相辅相成，珠联璧合。在写作思路上，作者条理清晰，以飞天梦的萌生与实现为主线，贯通古今，辅以议论，赞美千百年来中国人民为探索太空而展现出的智慧、勇气与非凡的毅力。

02 命题作文：捕捉幸福。

捕捉幸福

/林翼昕/

幸福是沙漠里一眼清澈甘甜的泉水，幸福是冬日里一缕温和明媚的阳光，幸福是黑暗中一盏指引方向的明灯……幸福无处不在，只要我们用心捕捉，就会发现其实生活中的每个角落都有幸福的身影。

柔和的月光下，我和外公一边赏月一边聊天。外公用他苍老的手小心翼翼地翻出相册里几张微微泛黄的老照片："哈，找到了，就是这张！"他指着照片兴奋地说道："这是你才几个月大时我抱着你哄你睡觉的照片。那时的你每个晚上都会哭闹着不睡觉，我就每天晚上抱着你在楼梯上走来走去，走上走下，直到你睡着。"我看着照片，鼻头一酸。再抬头看看外公，他眼里有一种自豪感，仿佛这是他耗费十几年完成的大作。在这些照片和外公的眼中，我捕捉到了幸福。

寂静无人的道路上吹来冷风，带着一丝恐怖气息往我衣服里钻。那是我第一次一个人走路回家，夜空中的星微微闪烁，让我感觉不到一点温暖。一路上心惊胆战，我终于跌跌撞撞地回到了家。一推开门，一股暖流涌向我，紧接着便闻到妈妈做的饺子的味道。“呦，回来啦！第一次自己回家啥感觉？快坐下吃饺子。”妈妈边递筷子边说。我赶紧坐下，开始狼吞虎咽起来。“哎呀，慢点吃，又没人跟你抢！”她笑了笑。走夜路的恐惧随风散去，随之而来的是一阵暖意。没有妈妈勤劳的巧手和满满的爱，哪有这么鲜美的饺子？在这些饺子和妈妈的手中，我捕捉到了幸福。

我睁开惺忪的睡眼，阳光透过窗帘的缝隙泻了进来。窗外，鸟鸣声婉转悦耳，一切都是那么美好。那天是我的生日。我起身，发现床头多了一个瓶子，里面装满纸折的星星。一封信埋在星星里。打开一看，是熟悉的稚嫩的笔迹：“亲爱的姐姐，今天你已经12岁啦！生日快乐！我会一直爱你！这些星星是我自己折的，瓶子里还有几颗糖，当然还有这封信，这是我送你的生日礼物。”一瞬间，莫名的感动淹没了我。星星折得不怎么样，糖不怎么贵，信写得也不怎么好，甚至还有几个错别字，但是，它们承载了幼小的妹妹对我满满的爱。在这些礼物和妹妹的笔尖，我捕捉到了幸福。

幸福在哪里？人们一直在追问，在寻找。其实，幸福就在身边，只要用心捕捉，便不难发现：生活中不缺幸福，处处有幸福。让我们用心品味生活，一起捕捉幸福吧！

点　评

本文的亮点在于三个事例的选用——外公为了哄“我”睡觉，抱着“我”上下爬楼梯；“我”独自走夜路，战胜恐惧之后，享用妈妈做的美味饺子；生日那天，“我”收到妹妹精心准备的礼物。三个事例来源于日常生活，却不流俗，更可贵的是，满溢着真情的味道。通过这三件事，作者将主题“捕捉幸福”呈现，严丝合缝，情理高度统一。此外，本文在写法上也可圈可点：第二段说外公“眼里有一种自豪感，仿佛这是他耗费十几年完成的大作”，小题大做、大词小用，与课文《散步》中“我”纠结于选大路还是选小路以及结尾“我和妻子都是慢慢地，稳稳地，走得很仔细，好像我背上的同她背上的加起来，就是整个世界”的表述有异曲同工之妙；第三段将走夜路的恐怖与回到家的温馨作对比，衬托出妈妈的爱；第四段以妹妹之年幼与礼物之平常来反衬妹妹对“我”满满的爱，不但写出爱之深，而且增强了故事的真实性，极富画面感。

捕捉幸福

/刘超文/

幸福是什么？是实现财富自由，还是达到某种成就？也许都不是。有时候，幸福就潜伏在我们身边的某个角落。

前年放假，我回到爷爷家。远远望去，一派破败萧条的景象。一方小院，细看之下更加寒酸：门是棕黄色的木门，摸着还有些扎手；进了门，院子里是裸露的土地，才走两步，鞋子里就进了沙子，硌得脚底板难受。屋子也很老旧：房梁与屋脊都是木头搭成的；房顶的瓦片不全了；墙皮也脱落了；最糟糕的是没有厕所，只有木头搭的简易“茅房”。那几天，我住得很不习惯，以至于几天都没有好心情，更别提幸福感了。

今年寒假，父亲又带我去爷爷家。我本是很抗拒的，但他说屋子翻新了，让我去看看，我便勉强同意了。一路颠簸，终于到了。下了车，我瞪大了眼睛，又反复揉了揉。我没看错吧？翻新一下，似乎全变了个样。大门换成亮堂堂的铁门了；地上铺了水泥，变得坚实平整，再也不担心鞋里进沙子了；门前水井边多了个水龙头，一拧，清澈冰凉的井水源源不绝；原本破旧的小木屋变成三层的别墅……这一切与我记忆中的老家大相径庭。我讶异于老家的变化，竟忘记了爷爷奶奶。

"呦，回来啦！"爷爷先出声了，"快进屋坐！"我们到了屋里，坐到沙发上。"唉，翻新一下，又有很多我不会用的东西咯！不过，确实比之前省了些事，也不用自己打井水了。"爷爷的一番话让我恍然大悟：幸福就藏在这儿呢！

奶奶指着隔了一堵墙的旧房子，感叹道："以前觉得这老房子啊也挺好，现在发现，差距好大嘞！"我望了望那座旧木屋，它依偎在新房子旁，显得那么渺小且灰扑扑，与现代生活格格不入。忽然我又有些许触动：虽然老房子不如新房子，但它承载了爷爷奶奶大半辈子的记忆，只是如今，那些幸福的瞬间藏在老屋的角落里，渐渐地黯淡，直到再没人提起，再无人记起。

但，只要去寻找，去回忆，去捕捉，幸福就一直都在。就像旧房子抽屉中的那张照片一样，虽然已经泛黄，但三个人的模样似乎并没有多少改变：已过去六年，我长高不少，但稚气依旧；爷爷奶奶还是老样子，面带微笑，那么慈祥。

告别故乡的小院，我又回到了生活更加便捷、人潮更加拥挤的城市里。其实，不论是旧房还是新居，不论是故乡还是城市，哪里没有幸福的踪影呢？观日升日落，赏花开花败，望白云舒卷，看星辰璀璨。只要我们有一双善于观察生活之美的慧眼，有一颗善于体会岁月真情的心灵，哪里不能捕捉到幸福呢？

点　评

本文的立意与选材高人一等。作者先回忆自己两次回乡的经历，并将其进行对比，欲扬先抑，凸显新时代农村生活的便捷与幸福，从个人视角看社会发展，以小见大。如果仅仅到此为止，本文还称不上精彩。作者不但对新生活进行了赞美，对于旧的记忆，也不放弃肯定：“那些幸福的瞬间藏在老屋的角落里，渐渐地黯淡，直到再没人提起，再无人记起”，“但，只要去寻找，去回忆，去捕捉，幸福就一直都在”。最后，作者道出自己对于幸福无处不在的独特理解：“不论是旧房还是新居，不论是故乡还是城市，哪里没有幸福的踪影呢?”“只要我们有一双善于观察生活之美的慧眼，有一颗善于体会岁月真情的心灵，哪里不能捕捉到幸福呢?”全文虽然只叙述了一件事，但行文波澜起伏、夹叙夹议、内容充实、情理相融，是一篇不可多得的优秀范文。

捕捉幸福

/翁子然/

我一向喜欢菊花。每到秋天，伴随着阵阵微风，菊花开了。一片片金黄的花瓣向外伸展，到末端又向内卷了起来，像夜空中绽放的烟花一般美丽。

有一天傍晚，我路过一家白墙红瓦的花店，一眼就看到了它。我被它吸引住了，走了进去。它含苞待放，像已经等了我很久。我按捺不住内心的喜悦，捧起了它，幸福的笑容悄悄地爬上了我的脸颊。

菊花的花瓣是橙黄色的，附着细小茸毛的嫩茎上长着巴掌般大小的绿叶，碰到扎得人有些发痒。有几个花苞还未绽放，细小的花瓣缩在里面，好像一个害羞的小姑娘不肯露面的样子，可爱极了。看着这盆小小的菊花，我的心有种满足的欣喜，仿佛这就是我的一整个秋天。有了它，秋天就不再是凄冷的，而是热烈奔放又有些含蓄的。

我捕捉到了幸福，幸福藏在买花的喜悦之中。

有了这盆小菊花后，我每天都去瞧瞧它。它的叶子渐渐发绿，花瓣越来越黄。黄的花藏在绿的叶中，从缝隙里探出头来，很妖艳地笑着，像跟我套着近乎。我为它浇水，细细的水流从叶子上滑落，滴答滴答；我为它抓虫，叶子上不再有一个个小洞。看着这些花儿长大，我感到无比欣慰。

我捕捉到了幸福，幸福藏在照顾花儿的过程中。

在一个艳阳高照的午后，我来到阳台，看看已经长大了的菊花。所有的花苞都绽放了，它们用金黄的色泽为秋天谱写着世间最美好的旋律。我用手轻轻地抚摸着那株菊花，它也用花瓣轻轻地搭在我的手指上；我看着它，它也看着我。这是我和它之间最亲密的交流，最深厚的友谊。

正当我陶醉其中时，一只蝴蝶飞落在花上，用触角轻轻地和它打招呼。看着眼前温暖的一幕，我屏住了呼吸，生怕吓到这位降临人间的天使。一阵风吹过，蝴蝶与花共同摆动着，在阳光的照耀下格外亮眼。

看着花与蝶，我想起了我的妈妈。她是一个默默无闻、甘于付出的人。此时此刻，她就是那株菊花，我就是那只蝶。我飞到妈妈的身上，我用无穷无尽的爱去触碰她，她用甜甜的蜜来爱我。

我捕捉到了幸福，幸福藏在花与蝶相互陪伴、相亲相爱的时光里。

捕捉幸福，我捕捉到了温暖一生的幸福。

点　评

本文层次感强，文采斐然。作者欲谈母爱，却由爱菊花说起，再一步步深入，讲述买菊花、照顾菊花、抚摸菊花以及蝴蝶飞舞等事例，展现出非凡的写作耐心。文末，作者巧用比喻，将“我”和妈妈比作蝶和花，升华主题，并且用诗意的语言将母女之爱诠释得唯美动人：“我飞到妈妈的身上，我用无穷无尽的爱去触碰她，她用甜甜的蜜来爱我。”

捕捉幸福

/吴婧雯/

幸福往往藏匿于生活的细微之处，只需用心体会，仔细感悟，便不会错过。捕捉这些幸福的瞬间，我们就能品味到生活的美好。

清晨，我从朦胧的梦中醒来，几番眨眼后，视线开始逐渐清晰，只见一束温暖又不刺眼的阳光从精致的玻璃窗中射了进来。在这束光中，好似有许多金黄色的精灵在舞动着，让人觉得炫目而舒心。就这样，我幸福的一天开始了。我把手伸向窗台取纸巾时，发现有光倾泻在我的胳膊上。那抹金黄像一条柔软的丝巾覆盖在我手上，让我觉得温暖，好似幸福被我抓在了手中，令人心旷神怡，早起的慵懒就此烟消云散。

离开卧室，来到餐厅，桌上已摆放好妈妈为我做的早餐——三明治冒着缕缕热气，那雾一般的香甜的气息瞬间把我包围了。它侵入了我的嗅觉，使我的呼吸都充满了幸福的香甜。它也侵入了我的味蕾——我忍不住拿起三明治，大咬了一口。霎时间，面包筋道的口感、浓郁的麦香、培根的咸甜、蔬菜的脆爽、西红柿的酸甜全都混为一体，沁入了我的口中，在我的舌尖绽放。几口三明治入腹，饥饿感顿消，幸福满溢心头。这份幸福不只是三明治带来的，更来自妈妈的爱。感受着可口的幸福，我的心好像也被塞得满满的，全是说不出的感动。

吃完早餐，我走向阳台。虽说阳台上不乏好看的花草，但最深得我心的还是那盆小小的多肉。为什么呢？因为它最不占空间，需求最少，却四季常绿。此刻，它被阳光眷顾，抹上星星点点的金黄，似是被镀上了一层黄金。一点黄色被周围的绿色簇拥着，围在了中间。走近一看，原来是一朵小黄花！嫩绿而肥厚的叶片与根茎相连，聚拢在一起，簇拥着那朵黄花，像一只结实有力的手举起一根燃烧的火炬。看着那盆微不足道却在释放着无限生命力的多肉，我感觉一种无形的东西在被无尽地拉伸，从阳台向更广阔的空间扩散。我浑身充满了力量，想立刻投入新一天忙碌的学习中。

那溢满阳光的窗台，三明治的香甜，多肉和小黄花……点点滴滴的幸福被捕捉，被拼起，美好与甜蜜的生活也浮出水面，幸福与我们同在。

点　评

从写法上来说，本文移步换景，内容充实；从立意上来讲，本文小中有大，意境悠远。作者极富写作耐心，通过三个生活中的小场景——清晨阳光温暖地照耀、妈妈为“我”准备好可口的早餐、阳台上开花的多肉，使将题意“捕捉幸福”诠释得淋漓尽致：“幸福往往藏匿于生活的细微之处，只需用心体会，仔细感悟，便不会错过。捕捉这些幸福的瞬间，我们就能品味到生活的美好。”本句既开篇点题，又总领全文，揭示文章主旨。将本句置于篇首，展现出作者高超的解题能力与娴熟的写作技巧。

03 命题作文：承诺。

承诺

/陈玥晓/

“老师，我们能考上吗？”那些青涩稚嫩的声音在她的耳边回响。“能！”她庄严地承诺……

这是她到乡村教书的第三个月。略带腥味的泥土气，简陋且硌人的床板让来自城市的她感到不适，但孩子们的笑颜如一缕闪耀的光打在她的心上，她来不及多想，一有空就背上包走进教室。

“王芳，王芳呢？”她站在讲台上，环顾四周，偌大的教室里唯独没有王芳的影子。“报告老师，王芳妈妈让她回家放牛了。”一位同学的话像一声闷雷，把她击中。意料中的事还是发生了！她魂不守舍地上完一节课，便飞也似的出了校门，在崎岖的山路上奔跑。草尖残留的露水沾湿了裤腿，她也无暇顾及。

“老师说了，我一定能考上的！”“考上有什么用？ 考上了不要交学费吗？ 还不如去放牛给家里多做点事！”刚到王芳家门口，她就看到王芳母女俩像两只发怒的母鸡一样瞪着对方。

“蒋老师，你说过我能考上的，对吗？ 你向我承诺过的！”王芳见她来了，一把拉住她。“蒋老师，你来评评理，我们家穷，我也不是不想让她读书……”王芳妈妈满脸无奈。“没钱的事我来想办法，我会帮她申请助学金，这一点钱您先拿着。”她掏出准备好的两百块钱，硬塞给王芳母亲。 王芳母亲愣了一下：“蒋老师，这怎么可以！”“可以的。” 她有点哽咽，“您也希望孩子能走出大山，过更好的生活，不要因为钱断了孩子的路。 王芳妈妈，我向您承诺，一定会让她考上大学，好吗？”王芳母亲眼含泪花，点了点头。 她拉着王芳，往学校的方向走。

回到学校，那一双双清澈的蕴藏着希望的眼睛让她更加坚定了自己的想法：一定，一定要带他们走出大山，飞向更广阔的天地！

两个月后的一天，她正在值夜班。 月明星稀，繁茂的树冠染上了淡银色的月亮清晖，映衬着从教室里透出来的光。透过玻璃，她看到学生们正在读书：许天坐得端端正正，将课本高高捧起默读；宋小煜用毛巾蘸了下冷水，往自己的脸上揉搓，又握着铅笔开始演算；王芳最为专注，托着腮帮，盯着题目正苦思冥想……她有些心痛，推开门走了进去：“都半夜了，为什么还不去睡！”“因为蒋老师的承诺啊！” 他们异口同声地回答。“就是，蒋老师不是承诺我们一定会考上的吗？那我们更要努力了！”王芳抓了抓头发，笑着说。那一刻，灯光在她的眼中变得有些模糊。她知道，她的承诺已成了他们唯一的希望，坚定他们走出大山的梦想……

喜报传来，她欣喜若狂，目送着他们的身影渐行渐远，泪水将他们的衣裳糊得五彩斑斓。她仿佛看见，承诺变成了一双双稚嫩却有力的翅膀，带着他们飞出大山，飞向广阔的未来。

阳光映着他们的背影，远去……

点　评

这是一篇极其感人的小说。“承诺”既是本文的叙事线索，也是情感的载体，饱含主人公蒋老师对学生们的无私的爱。故事脉络大致可以梳理为：许下承诺（序幕）—王芳辍学（开端）—找回王芳（发展）—学生苦读（高潮）—实现承诺（结局）—目送远去（尾声）。篇幅虽不长，结构却完整。故事的焦点集中在王芳辍学一事上，作者凭借高明的叙事技巧道出乡村教育的不易和山里孩子想要出人头地的艰难，也反衬出蒋老师的高风亮节。从蒋老师身上，我们不仅能看到张桂梅的影子，也看到无数教师兢兢业业的身影；从王芳、许天等学生的身上，我们也能感受到青少年对梦想的执着和对未来的渴望。读罢此文，仿佛让人暂时遗忘它是一篇优秀的作文，脑中尽是一幅幅感人至深的画面，一曲曲关于奉献与梦想的青春之歌，余音不绝，催人奋进。

承诺

/王柳晗/

坐在车上，清风拂过脸庞，落日的余晖温柔地洒进车窗，我在心里默默许下诺言……

爷爷是一位退役军人。他瘦瘦高高的，脸上时常洋溢着幸福的笑容。上小学时，由于爸爸妈妈工作的缘故，爷爷随我们来到福州生活。爸爸妈妈工作忙，平时很早就去上班了，于是，给我做早餐的任务就交到了爷爷手中。

每天晚上，爷爷都会笑盈盈地走进我的房间，轻声细语地问我："明天早饭想吃些什么呀？"我放下手中的笔，回答爷爷："那就吃三个饺子和一个荷包蛋吧。记得帮我热一瓶牛奶哦！"爷爷听后，笑得更开心了："好啊，我的孙女想吃什么我就做什么呗！"

第二天早晨，一碗热腾腾的饺子准时出现在了桌上。一口咬下，饺子的清香顿时弥漫在口中。细细咀嚼，饺子皮绵软而有弹性，肉馅鲜嫩多汁……爷爷看着我狼吞虎咽的样子，乐得合不拢嘴。

我的菜单一直在变，爷爷的耐心与关爱却一如既往，浓得仿佛要滴出蜜来。

爷爷很喜欢下棋，象棋、军棋等等，他都很拿手。在学习空隙，我经常让爷爷陪我下棋。棋盘还没摆好，爷爷的说教就开始了，"他强己弱须兼守，彼弱吾强可横行""宁失子，不失先”“观棋不语真君子”等等，我听得耳朵都快起茧了，便一个劲地催爷爷开局。爷爷手持棋子，一副胸有成竹之态。他一边呵呵地笑着，一边从容地应对我的杀招。爷爷棋艺高超，每次下棋时，他总会有意无意地让着我。有时我要悔棋，他就哈哈一笑：“那我就让你一步吧！”紧张的棋局顿时变成了欢乐的海洋，胜负已经不重要了。

时光如同白驹过隙，一眨眼，小学六年的时光戛然而止。上初中后，我们搬进了新家。由于学业繁重，我在家的时间渐渐少了，早饭只需妈妈帮我买一个包子和一颗鸡蛋就好。爷爷在家没什么事可做，越来越寂寞。于是爷爷提出想回老家和奶奶一起住。爸爸妈妈拗不过他，只好同意了。

爸爸开车将爷爷送回了老家，我们趁机回老家小住了几日。乡下的生活多么惬意，我玩得不亦乐乎。

临别时，爷爷奶奶在汽车后备箱塞了一大堆老家的土特产。爷爷嘱咐我：“一定要好好学习，到时候爷爷再来陪你下棋！”

车子慢慢驶离老家，看着爷爷奶奶渐渐远去的身影，回忆起爷爷对我说的话，我暗下承诺，如果有时间，我一定要常回家看看爷爷奶奶。

承诺，是我与爷爷之间郑重的约定。它不因空间阻隔而模糊，不因时间流逝而褪色。它在我心中永驻，像一盏灯，照亮了我，温暖了我。

点　评

本文采用倒叙的写作顺序，开篇扣题并设置悬念：“我”许下了什么承诺；接着作者以深情的笔墨回忆“我”童年时与爷爷相处的两个温馨片段——爷爷为“我”准备早餐、爷爷下棋时让“我”，烘托出爷爷对“我”无微不至的关爱；篇末，在前文充分铺垫的基础上引出离别的不舍与承诺的文题，与开篇呼应，使文章形成闭环，结构完整。本文语言平实，情真意切，哪怕没有多余的华丽辞藻，也足以拨动读者心弦。

承诺

/俞明希/

晚风轻轻拂过楠子的脸颊，她望着天空，若有所思地注视着天边那依然耀眼的斜阳……

一个月前，闺蜜轻轻地拉着她的手，耳语道：“我们一起去对口中学吧。”楠子看了看她，心里突然涌起了一种难以抑制的滋味。她撩了撩长发，嘴里含糊地吐出一个字：“好。”她此时还不知道，自己许下了一个重要却难以实现的诺言。

晚上，楠子一边吃饭，一边听着妈妈的督促声：“楠，妈妈带妹妹没空，你要懂事啊！对了，小升初的资料要赶紧看，争取考到三中好一点的班。”楠子听着妈妈无休止的唠叨，欲言又止。“对了，马上要上中学了，不要再和那些学渣玩了，巧巧她不适合和你玩。近朱者赤，近墨者黑，你又不是不知道。”楠子的心像被扎了一般——巧巧，就是她的闺蜜啊！

她想起了今天早上巧巧对自己说的那番话，不禁焦虑起来。

时间一天一天地过去，巧巧丝毫没有察觉到楠子内心的波澜，仍然每天和楠子一起玩。楠子每天都感觉很不自在，她既不能把妈妈的话当耳边风，又想和巧巧进入同一所学校……两种情绪交织在一起，楠子觉得自己快被折磨疯了。

一天，楠子正在座位上赶作业。突然，巧巧扑到楠子身上，撒娇道：“陪我玩一会儿嘛，就一会儿。”楠子看到自己刚写的钢笔字全被压糊了，又想到今晚还有补习班，心中不禁升起一股无名火，腾地站了起来，说：“你有完没完？”巧巧愣了一下，平时她俩打打闹闹已经习惯了，今天也不知道是怎么了，竟然会这样。这时，一个女生告诉她，楠子要去三中。巧巧这才醒悟过来，原来，自己的好闺蜜要撇下自己，走她的阳关道去了。想到这儿，巧巧愤怒极了，大吼：“你什么意思？之前不是许了承诺吗？你怎么说的？你，放我鸽子！”

楠子一句话也说不出来。她又自责，又后悔，又……

后来，楠子考上了三中试验班，而巧巧却留在了对口中学。在一个晚风微拂的晚上，楠子收到一条消息：

亲爱的楠子，我终于想明白了。即便我们在不同的中学，我们也是好闺蜜。我很后悔在小学最后的时光里没有与你好好相处。请接受我真诚的歉意！

楠子从头到尾一遍遍地读着，隔着屏幕，她仿佛看见了巧巧灿烂的笑容，她在心中默念：巧巧，对不起！是我没有遵守诺言，愿我们的友谊依旧！

晚风轻拂，捎回了两个女孩的友情。

承诺未现，友谊依旧。

点评

本文是六年级学生的作品。作者能有这么细腻的文笔以及大范围叙事的能力，非常难得。本文以楠子许下承诺却最终违背承诺为故事主线，以她和闺蜜之间友谊深厚、继而引发误会、最终重归于好为故事副线，双线并行，有力地凸显了主旨："承诺未现，友谊依旧。"纵观全文，构思精巧，思想深刻，感情真挚，语言精练，是一篇有血有肉的美文。

04 命题作文：抉择。

抉择

/林翼昕/

人生中我们遇到的岔路多得像掌纹，纵横交织，让我们纠结、犹豫，难以抉择。你是否跟我一样，想过要把所有的抉择像掌纹般始终牢牢地掌控在自己手中？

夜晚，我独自漫步在街上。夜色如同洇染的墨，由浓而淡，一寸一寸地吞噬着月光的影子。一个戴着口罩的小女孩从我面前晃过，昏黄的路灯打在她的身上，也打开了我记忆的闸门，把我拉进记忆的漩涡里。恍惚间，我好像回到了那时……

疫情期间，所有学生闭关在家上网课。没有了昔日身边同学的陪伴和老师的督促，同学们的学习状态迅速下滑。有一次，我坐在平板前上着数学网课，聊天弹窗上跳出的一条消息吸引了我的注意："数学课真无聊。""就是，我一点儿也听不进去。""我正躺在床上玩手机呢！""上号上号！"闷雷一响，同学们的对话如雨后春笋般冒了出来。频繁弹出的消息让我无法专心上课。同学们的话像一只只猫爪，挠着我的心怀。

我的心开始摇摆：大家都在玩，我也想像他们一样；可马上就要期中考了，不认真听课功课一定会落下的……此时此刻，我的大脑中好像有两个小人在吵架。

"来，吃点水果吧。"正当我犹豫不决时，妈妈端着一盘我爱吃的水果，笑容满面地走进我的房间。"认真听课哦！"我的思绪被打断了，妈妈一句话点醒了我，将我拉回现实。是啊，妈妈也说要认真听课。我看了看眼前洗得干干净净的水果，又抬头看了看窗外。天空如涂满了深蓝色颜料的画布，月亮在云层里时隐时现，给云层镶上了一圈朦胧的边。微风拂过脸颊，我的思绪又回到了刚才的那个瞬间。

我毅然退出了网课页面，点开聊天窗，点击"消息免打扰"选项，再回到网课页面。好了，这下谁也打扰不了我了。是的，这就是我的抉择。在眼前这个岔路口，我选择了认真听课、努力学习这一条路，我相信自己一定可以弯道超车。也许这条路并不好走，注定布满荆棘，但我相信，只要我一直向前看，向前走，就一定会遇见属于我的最美的玫瑰花。

返校的日子到了，老师为检验我们网课上得如何，立刻安排了考试。检验我的抉择是否正确的机会来了！

考试结果公布，我的成绩果然大有进步，在年级名列前茅。我庆幸，自己当初做了正确的抉择，而且，我已经遇见了那朵属于我的最美的玫瑰花。

点　评

本文开篇即生动形象且富有人生智慧，非常值得琢磨品味：以掌纹喻岔路再恰当不过，而再以掌纹喻抉择则更显示出作者的巧思与妙想，疑问句的表达又让行文变得灵动活泼且内容上总领了下文。第二段看似多余，实则不可或缺：既交代回忆的缘起，又借环境描写渲染气氛，为下文造势。最多的笔墨作者花在了关于“我”如何“抉择”的故事讲述上。事虽小，但真实可感，容易引起读者共鸣。结尾段落以玫瑰花喻成功，颇具诗意，清新而不落俗套。总的来说，本文情节设置巧妙，合情合理，既有对过去生活的回顾，也有对未来人生的展望；既写出了“抉择”的点，也写出了生活的面。

抉择

/王柳晗/

人生的道路上有许多需要进行抉择的关口：或一路向前，风雨无阻；或选择掉头，另辟蹊径。正确的抉择会让你的人生顺风顺水，少走很多弯路，而错误的抉择有时会像一个沉重的包袱，影响你的一生。

时间走得飞快，像流水般奔腾不息。一转眼，小学六年的时光已然逝去。带着朝夕相处六年的同学们的美好祝愿，我开启了崭新的初中生活。

一切都让我感到新奇，甚至激动，但随之而来的，是更多的课程和学业任务带来的烦恼。由于小学过得比较懒散，我有点不适应初中的快节奏生活，一向理科优势明显的我对于初中文科的学习更是手足无措，古诗文阅读尤其令我头疼，复杂的历史朝代更替让我困倦。几次周考下来，几乎都是文科在拉我后腿。

一天，老师找我谈话。老师首先肯定了我在数学学习上的努力，说我的理科思维很强，但谈到语文时，他不禁皱起了眉头。我惭愧地低下了头。“你看，你只要在语文和历史上多用用功，成绩不就上来了吗？与其每天焦虑与逃避，不如多花点时间面对，扩大阅读面，多体会文章里的内容、意境、情感……以你的能力，完全没问题的。要相信自己，加油哦！”

回到座位上，我不禁陷入沉思。是啊，有些事情既然无法避免，那就尝试着去接纳吧，说不定，我也会爱上曾经讨厌的东西。虽然我对文科的兴趣寥寥，但老师说得对，每一门学科都是通往另一个世界的大门的钥匙，无论少了哪把钥匙，都会错过许多美妙的风景……我下定决心，要用老师教的方法把文科的短板补起来。

既然选择了这条逆风的上坡路，那就义无反顾地走向终点吧。我将学习时间进行了更合理的规划，压缩玩手机的时间，用于阅读经典的文学作品、看历史纪录片等等。慢慢地，我发现，那些优美的古诗词展现了一幅幅动人的画卷，让我流连于烟雨江南的诗意美景中，让我为诗人们真挚深厚的友谊而感动，让我为作者怀才不遇而哀叹……而一篇篇简短隽永的文言文又揭示了一个个深刻的道理，让我醍醐灌顶；历史则让我看到了华夏儿女的无穷智慧，感受到中华民族一路走来筚路蓝缕的艰辛与生生不息的活力，大唐长安不夜城的灯火、瓷都景德镇里诞生的珍品、薄如蝉翼的丝绸锦帛……无一不令我浮想联翩。

皇天不负苦心人，我的成绩终于稳步向前。我自豪地想：当时的抉择没错。

人生其他事何尝不是如此呢？坚信自己的抉择，哪怕前进的道路上布满荆棘，也不要回头，你终将抵达光明。追风赶月请不要停留，春山就在平芜的尽头！

点　评

本文取材于日常学习生活，真实可感。“抉择”，在文中指“我”面对文科学习，是继续焦虑，习惯性地逃避，还是迎难而上，接受挑战。经过深思熟虑，“我”选择了后者并取得了成功，由此，“我”悟出一个人生道理。通篇来看，扣题紧密，结构严整，内容具体充实，语言平实又不乏文采，思考也有深度和广度，很值得称道。此外，结尾化用古人名句，也为本文增色不少。

05 命题作文：扛下了一切。

扛下了一切

/游婧萱/

在人生道路上，我们勇往直前，朝着心中的目标前进。然而，人生并不是一帆风顺的，总会遇到我们认为过不去的坎，是谁助了我们一臂之力？ 遇到风雨时，是谁像一把大伞，为我们遮风挡雨？ 或许我们自己都没有发现，当我们义无反顾地向前冲时，总有人在背后默默支持，在关键时刻挺身而出，为我们扛下了一切。

是谁为我扛下了一切呢？ 我想，应该是您吧！

儿时的我并不懂事，十分调皮，还经常打坏家里的东西。 有一次，我把您最喜爱的花瓶打碎了。 当时的我很害怕，怕您责骂我。 您却不在意似的，反而问我有没有受伤。 当父亲出差时，您每天做家务，悉心陪伴我、照料我，不怕苦不怕累，也从不向任何人抱怨。无论我跟您说什么，您总是面带微笑倾听。

我上小学了。学校离家有些远，您毅然扛起接送我的重担。记得有一次，您没有及时来接我，我独自一人坐在学校保安室。天色越来越暗，同学们都离开了，老师们也陆续下班了。周围很安静，只有学校里的榕树还随着风晃动着树枝，发出“沙沙”的声音。我低着头，害怕地哭了起来。这时，我隐约听到保安室外传来了您的声音，我连忙跑出去。您急急忙忙地跑了过来，一下子抱住我：“不怕不怕，妈妈来了啊！”您不停地拍着我的背，安慰我。回去的路上，我问您为什么来迟了。您轻轻摸了摸我的头，跟我说了一些工作上的事。看着您满身的汗与疲惫的眼神，听着您几句带过工作的辛苦，我猛然意识到，您不仅要照顾我，还要忙着自己的工作啊！您扛下的累有多少，怕是只有您自己知道吧！

时光飞逝，一转眼我升入初中，开始了新的学习生活。刚进入初中的我并不适应过快的学习节奏以及繁多的作业量，每天回家都抱怨。可您却不同。当我满心烦躁时，您总会笑着问我学校里的趣事，逗我开心；当我为作业发愁时，您总会陪在我身边，耐心辅导我；当我考试失利时，您总会和我一起发现问题，帮我改正，并鼓励我下次继续努力……您是我学习生活中不可缺少的角色，为我扛下了一切。

我曾问过您：“扛下了一切，累吗？”您总是笑着岔开话题。我想，累，是一定的，只是您心甘情愿。

我爱您，母亲！感谢您为我扛下了一切！我愿采撷世上所有的美好献给您，祝您永远年轻，永远开心！

点　评

这是一篇命题作文，题目“扛下了一切”中的“扛”字无疑是审题的关键。“扛”，意为勇敢承担，默默承受。“扛下了一切”即承担了所有，付出了全部之意。很显然，写自己成长路上父母给予的陪伴与关爱是最容易发挥又最容易写出精彩的选项。本文以母爱为话题，从三个片段切入，刻画出一个“平凡却又伟大”的母亲形象，平实的语言叙述中有炽热的情感在发酵，真诚而动人。

扛下了一切

/周妍汐/

母亲并不强壮，但她却为我扛下了一切。

十个月怀胎，母亲终于等到了生产的那一刻。她忍着剧痛，拼尽全力，只为带我来到这个世上。终于，“哇”的一声惊天动地，我出生了。虚弱的母亲眼里满是关爱，似乎忘记了刚刚过去的疼痛。母亲为了我的平安出生，扛下了痛。

五岁时的我因为贪玩，从沙发上摔到地上。母亲刚想骂我，却发现我手臂上全是血，而且，我骨折了。母亲的表情由愤怒转为惊讶又转为恐惧。去医院的路上，我躺在母亲怀里，疼得直哭。她扭过头，不让我看她掉眼泪——这是她后来告诉我的。此后，母亲细心照顾我，喂饭给我吃，帮我穿衣，时时刻刻保护着我。一次，为了证明自己快好了，我急速快跑，母亲吓坏了，严厉地批评了我。她生气的外表下是对我默默的牵挂与担心。

母亲像勇敢的士兵保护公主一样保护着我，可再勇敢的士兵也有脆弱的时候。原来，母亲一点也不勇敢，她只是为我扛下了一切。我的手臂好了，但母亲的腰却出了问题。渐渐地，她喊腰疼的次数越来越多。母亲看过医生，不知道为什么总找不到病因，最后只能归结为“怀小孩时留下的”“抱小孩抱的”。但母亲说：“孩子，你是上天给我的最好的宝贝。”她在柴米油盐中坚守着家这个阵地，常常为如何当一个好妈妈而苦恼。母亲再也不如以前一般充满青春活力了，为了我，为了这个家，她舍弃了健康，扛下了枯燥的家务和日日增长的烦恼。

时间不舍昼夜地飞奔，如今我已上了初中。和众多焦虑的母亲一样，我的母亲也想让我站在起跑线的最前端。于是，寒假的课程从早排到晚，大清早离开家后我几乎就没有休息时间。我知道母亲的安排自有她的道理，但看到课程表时难免会抗拒。我只顾抱怨，却又忘了母亲自己一整天是怎么熬过来的：我还没起床时，她就要弄好早餐；等我吃完饭，她开车送我去上课；下午再马不停蹄地接我去上另外两节课；晚上一到家，我就能立马吃到热气腾腾的晚餐。

除了照顾我，她还要接送弟弟。想到这，一肚子的抱怨便化成了感动。或许，母亲真的会魔法吧，不然的话，她怎么能扛下这一切呢?

母亲也曾是被外公外婆捧在手心的公主，有了我之后，她成了会魔法的士兵，被捧在手心的公主变成了我。勇敢的士兵为了保护公主，扛下了一切。

有一句歌词是这么写的："原来她给我的不算多，不过是整个世界。"母亲不但给了我整个世界，还为我扛下了世上一切的苦和累。

感谢您，我的母亲!

点　评

本文开篇简洁，将母亲的"不强壮"与"扛下了一切"进行对比，瞬间烘托出一个平凡而伟大的母亲形象；紧接着，作者通过讲述人生的四个阶段里，母亲如何为了"我"勇敢地扛起了一切的故事，丰富母亲的形象；收篇，作者以富有童话色彩的联想与深情告白的语言表达对母亲的感恩之情，情真意切。

值得肯定的是，作者善于从生活中发掘琐碎而闪光的素材，将之如话家常一般地运用到作文里，使文章由内而外散发出平淡而隽永的滋味。这样的文章看似寻常，其实最有味、最动人。

06 命题作文：跨越。

跨越

/蔡韵臻/

跨越，顾名思义，就是跨过一个现实存在的物体，或越过一个障碍。而我要跨越的，则是多年来一直困扰我的心理恐惧。

我的性格从小就比较内向，面对陌生人时不敢主动上前打招呼，就算是熟人，与其谈话时也不敢直视对方的眼睛。每次外出，妈妈都会鼓励我大方一点，要敢于表现自己，但我依旧没有直面困难的勇气。

记得刚升入小学那年，我来到了新的环境，有了新的同学和老师。新的班主任是语文老师，她的脸上总是挂着春风般的笑容，看起来很亲切。由于同学们彼此都还很陌生，于是她先介绍了一下自己，随后让同桌互相作介绍。

和我的拘谨截然不同，我的同桌是个落落大方的女生。她十分自信且坦率地说出了自己的名字，我却支支吾吾半天也没挤出一个字。眼看同学们都介绍完了自己，我却无所适从。老师也注意到了我，她走了过来，关切地问道："你怎么还没介绍自己的名字呀?"听老师说完，我内心更纠结了。我鼓起勇气，想说出来，但越是这样，越是感觉有什么东西堵住了我的嘴，使我无法发出声音。老师发现了我的难堪，帮我作了介绍。

三年级时，班里要竞选班干部，我很想参选，但竞选班干部要在全班同学面前朗读演讲稿。回到家中，我将这件事告诉了妈妈，果不其然，她十分支持我参选。犹豫了许久，我决定试一试并用心准备了演讲稿。

转眼间就到了竞选的日子。只见同学们一个又一个上台自信地讲完，我的内心越发忐忑，总觉得自己的稿子没有他们的好。转眼间就轮到了我。我紧张地从座位上站起来，双手紧紧地捏着演讲稿，木讷地走到讲台上。看着台下四十多双眼睛，我不知所措。待我深吸一口气平静下来，我却又不知该如何开口。这时，我想到了一年级时的那次退缩，告诉自己：我一定要比那次做得更好！后来，我顺利地完成了演讲，台下掌声如雷，我如释重负。我终于跨越了人生中一道高高的坎。

此后，我虽依旧内向，却开始敢于表现自己。六年级的毕业典礼需要有人表演，我竟然鬼使神差地报了一个舞蹈节目。排练很苦，我都坚持了下来。表演的日子很快就到了。临上台，我的心中不由自主地悬起了一块大石头。其他参演同学的表情看起来都很放松，我也渐渐放松了一些。到了舞台上，我竟然不觉得那么紧张了。原来，我已经告别了那个曾经胆小的自己。

人生的路上有无数的障碍，不管你愿不愿意，它们都在那里等着你靠近。障碍让弱者却步，让强者变得更强。让我们勇敢地跨越它们吧！

点　评

本文开篇对“跨越”二字进行释义，并将话题过渡至“我”的成长经历之上。文章的主体部分由“我”成长过程中的三个片段构成：先是回忆一年级时不敢作自我介绍的窘态，再讲三年级时勇敢上台竞选，最后是六年级毕业典礼上的从容表演。三个时间节点发生的三件事层层递进，生动地描摹出“我”成功跨越自己的恐惧心理的历程。最后，作者以精当的议论与呼告的句式收篇，不拖泥带水。本文虽然语言平实，但以其扣题之准、结构之巧、情感之真，亦值得称道。

跨越

/王柳晗/

何谓跨越？跨越就是走出原有的舒适圈，勇敢地迈开第一步；跨越就是从不可能到可能的过程；跨越就是做更好的自己。每个人都有或大或小、色彩斑斓的梦想，唯有不弃微末、不舍寸功、日复一日、一点一滴地坚守，不断地跨越，方能让梦想开花结果。人生如此，国家也如此。

翻开近代历史，列强一个个把贪婪的魔爪肆无忌惮地伸向神州大地。于是，昏睡的“东方雄狮”觉醒了，不甘于被奴役的中华儿女站起来了。“中华人民共和国中央人民政府今天成立了！”一句话足以让无数中华儿女热血沸腾、斗志昂扬！

回望过去斑驳的岁月，我们亲爱的祖国何尝不是历经世间沧桑，挣扎着站起，再一步一步走向繁荣的呢？是多少仁人志士用他们一生的心血，铸就了我们这个如今雄于地球的泱泱大国？革命先辈们以拯救民族危亡为己任，抛头颅，洒热血，用青春与热血书写新中国的美好篇章。每个人的生命都只有一次，他们不吝惜个体的生命，带领中华民族跨越了至暗的时刻。“五星红旗迎风飘扬，胜利歌声多么嘹亮！”天安门广场上迎风招展的国旗巍然挺立着，它仿佛在向全世界挥手示意：中国人民站起来了！中国像一个年轻的逐梦者，一个目标连着一个目标地实现，一个胜利接着一个胜利地取得，斩关夺隘，风雨兼程，跨越永不停息。

自新中国成立以来，中国的经济得到了恢复和发展，饱受战争之苦的人民也过上了安居乐业的生活。与此同时，中国各项科技成果也陆续问世，逐渐确立了在世界上举足轻重的大国地位：1970 年 4 月 24 日，中国首枚人造地球卫星“东方红一号”发射成功；2000 年 10 月 31 日，“北斗一号”成功发射，让中国成为第三个拥有自主卫星导航系统的国家；2003 年 10 月 15 日，中国第一艘载人航天飞船“神舟五号”成功发射；2016 年 9 月，“天眼”落成启用，它是世界上最大的单口径射电望远镜；“奋斗者”号于 2020 年 11 月 10 日成功坐底马里亚纳海沟……

这些伟大的成就像梦一般绚烂，在中国走向繁荣富强的历程中留下了光辉的一笔。它们仿佛在告诉世界：我们有能力跨越一切的贫穷与落后，走向中华民族伟大复兴！

回首过往，多少奋斗，多少牺牲；展望未来，又有多少憧憬，多少豪迈……

谁说历史无言？英雄的事迹就是历史最好的言说。谁说时间有界？理想信念的力量总能够穿越时空的阻隔。无数甘于牺牲、乐于奉献的先辈用热爱与坚持造就了一个中华盛世！

点　评

什么叫“跨越”？作者说：“跨越就是走出原有的舒适圈，勇敢地迈开第一步；跨越就是从不可能到可能的过程；跨越就是做更好的自己。”这个解读相当准确。跨越，就是一种突破，打开新局面，到达新境界。围绕这一主题，作者大胆构思，慷慨陈词，谈家国大事，抒爱国豪情，立意高远，感情真挚。作为初一学生，作者能有这么开阔的创作思路与这么雄健大气的笔力，非常不易。

跨越

/赵云飞/

头顶的星空

“比赛开始。苏炳添的启动速度非常快，在前五秒保持领先……哦！博尔特追了上来，他轻松地超越并回望跟在后头的选手们。天啊，9 秒 87……”2012 年伦敦奥运会男子 100 米半决赛上，年轻小将苏炳添与世界飞人博尔特交手，以初生牛犊不怕虎的气魄跑出了 10 秒 28 的成绩。解说员的话中既有对苏炳添的鼓励，也不乏对于两者实力悬殊的感叹。“闲庭信步”就能打败世界各国顶尖选手，面对博尔特，苏炳添确实只能望其项背。

该如何跨越 10 秒大关呢？

苏炳添的心中已有了想法。

脚下的路

从 2013 年开始，苏炳添就奔赴世界各地，积极参加各类国际比赛，与世界各地的顶尖选手交流切磋。这种以赛代练的方法压力巨大，但若想要轻松一些，又如何能在强手如林的短跑项目中有一席之地呢？

镜头转向正在训练的苏炳添，他正使着全身的力量向前冲刺。额上的青筋条条绽出，嘴唇紧闭，脸颊抽动着，脸上豆大的汗珠落在地上。

而这，还不是全部。

为了早日实现短跑实力的质变，他毅然决定改换起跑姿势，“破功重修”。

终于，他迎来了自己的高光时刻。

2013 年 9 月 8 日晚上 9 时 25 分，全运会田径场上最激动人心的男子 100 米决赛鸣枪，苏炳添以 10 秒 12 的成绩获得银牌，跑出了自己的最快速度。

很快，国内所有媒体，所有短跑运动员都把目光聚焦于 10 秒的突破上。 谁会拔得头筹呢？

他，就是他！

在 2015 年国际田联钻石联赛尤金站上，苏炳添跑出了惊人的成绩：9 秒 99！ 他不仅跨越了自己，也代表黄种人第一次跨越 10 秒大关。

此后，苏炳添一路高歌猛进。 在一次采访中，他说道：“我希望将现在的状态维持到 2020 年。”这个愿望成了一个比突破 10 秒大关还难的坎。

战胜自我

2019 年，苏炳添的腰伤已十分严重，他不得不推掉各项重要比赛和训练。 2020 年，年逾三十的他左肩又添伤痛。 种种的坏运气加上“年与时驰”的现实，让“意与日去”仿佛不可避免。

如何跨越这道伤病之坎？ 无他，唯坚定耳！ 他在枯燥的训练中维持良好的状态。

在 2021 年东京奥运会男子 100 米半决赛上，苏炳添顶住压力，取得小组第一的成绩并创造了新纪录：9 秒 83。至此，9 秒 83 这一辉煌战绩成了苏炳添的代名词，也承载了中国田径的荣耀。

也许有一天，纪录会被打破，但一个人为其一生所热爱的事业而付出的努力，注定是一座不朽的丰碑。请相信，无论多宽多奔腾的江海，当你勇敢跃起，跨过，那灿烂夕阳下映出的美妙剪影，便是你奋斗的全部意义！

点　评

作文中小标题的使用是把双刃剑，优点是让文章的结构清晰醒目，便于读者理清行文思路；缺点是让文章显得套路化，降低阅读期待值。本文虽也用了三个小标题，但作者显然深谙扬长避短之道：在小标题内容的设置上，作者煞费苦心，以“头顶的星空”“脚下的路”“战胜自我”三个短语为题，形式齐整，富有画面感，且三个小标题都能高度概括相应层次的内容，为主旨深化服务。这样的小标题才是真正能给作文加分的。

此外，本文具有浓厚的传记文学的色彩。作者紧扣苏炳添最具代表性的几次比赛展开叙述与刻画，发掘出人物内在的宝贵的精神品质，给人以启迪与鼓舞的力量。这样的写法不但要求写作者对传主有相当深入的理解，而且要具备高超的叙事与议论的表达技巧。很显然，作者做到了。

07 命题作文：难忘的相逢。

难忘的相逢

/吕厚华/

迎着阳光，我穿过游人如织的南后街。烈日高照，汗如雨下的我急忙转入一条僻静的小巷，忽见一家深藏其中的旧书店。它的门面不大，正上方是题有店名的匾额。木匾之下，是一扇普通的玻璃门。乍一看，只能透过玻璃看见门内堆放着纸皮和箱子；定睛瞧，才能隐约看到里面的书架。

都说书店是文化沙漠中的绿洲，能够一遇，也算难得，我推门而入。清凉的空调风搭上悠悠的墨香，让我感到一阵惬意。缓过神来，便发现自己仿佛没入了书籍的海洋。三面墙壁前皆立着满满当当的书架，整家店被旧书塞成了一个一夫当关、万夫莫开的“口”字形。眼光沿着一排排书脊扫去，从《传习录》到《平凡的世界》，再到《基督山伯爵》，古今中外名著应有尽有。我心里抑制不住地激动，抽出眼前的一本，欣然翻看起来。看店的是一个中年模样的妇女，她鼻梁上架着一副眼镜，正对着一本稍稍泛黄的账本低头写着什么。见我捧着书，并未多言。

顾客寥寥无几，书页的翻动声与纸笔交汇的“沙沙”声铺成一方宁静的天地，隔绝了门外的燥热。我沉浸在字里行间，在文字编织的世界中自在徜徉，浮躁的心也渐渐变得平静。

不知过了多久，“吱呀”一声，门突然被打开，一阵热浪涌入。只见一位老先生佝偻着背，拄着手杖蹒跚而入，然后躺在了门边的竹摇椅上。从他的举止与神态，我猜想他是这家店的主人，柜台前的女子是他的女儿。出于好奇，我装模作样地举着书，假装认真阅读，实则悄悄地打量他。没想到，休憩了一会儿的老先生竟站了起来，向我走来，我不禁感到一阵惶恐。他问我来自哪里，喜欢看什么书等等，我一一恭敬回答。就这样，一老一少你一言我一语地聊了起来。老先生听说我喜欢读书，便高兴地点头赞许：“年轻人就是要多读书。读万卷书就是行万里路。现在年轻人过于浮躁，就算来我这里也是为了避暑。唉，真希望能多几个像你这样的小伙子……”听完，我深怀歉意，但心中也亮堂起来。

相遇一场终须别。临走之时，老先生叫住了我。他拿起我买下的旧书，征得我的同意之后，提笔于扉页写下：开卷有益。接着，他用颤巍巍的手郑重地盖上了私章。这可真是意外之喜，我连忙道谢，他却笑呵呵地摆摆手，让我路上注意安全。

走出店门，一轮圆月嵌在黑色的天幕中，月光柔和地照着大地，手上那本薄薄的书似乎有千钧重。这真是一次难忘的相逢。我回望书店，仿佛看见老先生依旧坐在那张摇椅上，伴着店内的纸香与墨香悠悠地晃着……

点　评

本文中，“我”是故事的讲述者与亲历者，笔墨最繁；老先生是主人公，刻画最细；记账的女子是次要人物，稍微提及；寥寥无几的顾客是陪衬，一笔带过。如此详略得当，体现出作者高超的讲故事技巧。好的作文就如一幕戏剧，有主角，也有配角；而不同的配角，戏份也是不一样的。主次有别，参差错落，文章才显得摇曳多姿，情感才有更大的激荡空间。

此外，在选材立意上，本文也颇具特色。作者写了两次相逢：与书店相逢（略写）；与老先生相逢（详写）。与书店相逢，“清凉的空调风搭上悠悠的墨香，让我感到一阵惬意”，应有尽有的名著让“我”“心里抑制不住地激动”，“我沉浸在字里行间，在文字编织的世界中自在徜徉，浮躁的心也渐渐获得了平静”。与老先生相逢，则让“我深怀歉意”（内心浮躁，为避暑而进店）的同时，“心中也亮堂起来”（更加明白阅读的价值），当老先生郑重为“我”题字与钤印后，“我”喜出望外。两次相逢既有时间上的先后之序，又有密不可分的内在关联。如此选材立意，不但新颖，而且富有精神内涵，达到表里兼具、内外统一的效果。

难忘的相逢

/王柳晗/

人生中的相逢，或是结交了相伴一生的挚友，或是与仅有一面之缘的陌生人擦肩而过……在熙熙攘攘的人世间，遇见一个对的人不容易；难以忘记，则是一生的幸运。

一个周四的下午，我和妈妈、奶奶正准备乘车去一家自助餐厅。网约车很快便到了小区门口，司机打来电话询问，而我们还在慌乱地做着出发前的准备。妈妈连忙向他解释原因。司机叔叔不但没有催促，还劝妈妈不用急，说可以多等我们一会儿。几分钟后，我们才匆忙坐上网约车。

一上车，妈妈就向司机叔叔道了歉，说耽误了他的时间。叔叔还是一副彬彬有礼的样子，安慰道："要是所有乘客都像你们这么有素质就好了。前几天我接了一个单，去的路上很堵，快到的时候，乘客取消了订单，害我白跑了一趟，浪费了十几分钟。"妈妈随声附和："是呀，现在开网约车也不容易。平台越来越多，司机也越来越多，碰上节假日和高峰期，路上又堵，就更不好接单了。"

妈妈的话说到了叔叔的心坎里，叔叔就和妈妈敞开心扉聊了起来。从他口中得知：他原来是开公司的，但这几年生意不好做，公司上个月倒闭了，于是他就开始开网约车补贴家用。叔叔很年轻，看起来只有三十多岁。他说话的声音铿锵有力，富有朝气，但也透着一丝对生活的无奈和感慨："有时候我们要站在别人的角度考虑问题。就说刚才那件事吧，真的没有必要为了省那几分钟而给别人带来不便。有些人总觉得自己的时间是时间，别人的时间怎么浪费都无所谓。对于我们这些司机来说，时间就是金钱啊！"叔叔一边说着，一边踩刹车，为准备过马路的行人让路。

看到这一幕，我不禁想起了那天中午的情景。妈妈是一名医生，除夕也依然要上班。中午准备回家时，医院门口打车的人特别多，加上网约车司机基本回家过年了，所以很难打到车。妈妈等了好久也没等到司机接单，正准备去坐公交车时，一位司机接了单。妈妈一看定位，竟然要等十几分钟！权衡之下，妈妈决定耐心等待。上了车，司机叔叔对她说："我看定位在医院，怕有病人与家属不好打车，才开了四公里过来。抱歉，让你等了这么久。"妈妈听完很感动，到家了便教育我要学这位司机，多替他人着想。

是啊，要是生活中多些这样的人，多些这样的事，世界怎能不美好？

下车时，我瞥见了司机叔叔的脸。至今，那张憨厚朴实的脸庞依然刻在我的脑海里，那次难忘的相逢也被我牢记在心中。

难忘的其实不是相逢，而是善良、包容与美好。

点　评

本文可取之处主要在于：首先，选材与人物形象塑造上，以“我”与妈妈和两个司机的两次相逢经历为依托，塑造出两个乐于助人且善于包容的司机形象，素材鲜活，人物形象丰满。其次，详略安排与写作顺序上，眼前的相逢详写，过去的相逢略写；眼前的相逢是顺叙，过去的相逢是插叙，布局有讲究。最后，表达上，本文虽然语言平实，鲜少优美语句，但文章处处以情动人，以理服人，反而让作品更具有感染力。最后一句的总结既点明主旨，也给人豁然开朗之感，真乃画龙点睛之笔。

难忘的相逢

/谢辰烯/

相逢，是人生旅程的交织。人生何时何处不相逢？逢人、逢景、逢物、逢心……每一次相逢，都会留下一段回忆。那次相逢，就一直深深地烙印在我的心底。

那是一个慵懒的午后，我在一条小道上漫步。火辣辣的太阳炙烤着大地，正如当时我的心情——觉得眼前的一切毫无生机，却又不知道该期待什么。突然，我眼前一亮，一抹异样的绿撞入眼中。是的，在一丛灰褐色的枝叶间，跳动着一个绿色的精灵。那是怎样的绿啊——淡淡的、嫩嫩的，有呼之欲出的灵动。我走近一看，原来是几片苍翠欲滴的叶子。在叶子后，还藏着两三朵雪白的栀子花。谁也不知道为何栀子花会开在这种地方，并且开得如此楚楚动人、生机勃勃。凑近一闻，一股芳香钻入鼻孔。这种香味不同于七里香的馥郁，也不同于月桂的清甜，粗闻之下似乎只是淡淡的香，细品之后却感觉浓郁绵长，好似一层白纱轻轻笼罩着我。

看着那几朵栀子花，我好似着了魔，驻足端详。白花点缀在几簇绿叶上，好似绿丝绸上镶着几颗晶莹剔透的珍珠。每一片花瓣都泛着点点银白色的光，花瓣一片包着另一片，仿佛还颤动着昨夜的露珠，在微光下闪耀着迷人的光芒。水滴形的花蕊带点金黄，在阳光中一仰一俯，绽放笑容。绿叶青翠喜人，花瓣洁白芬芳，白和绿的搭配清爽悦目。

分不清楚哪一朵更美。虽然没有娇艳的色彩，但它们质朴、本色、纯洁，不加修饰，却动人至极。而那一缕香味，慢慢渗入我的身体，浸染我的心肺，勾动我的心弦，令我禁不住想要久久停留。

于是我突然忆起以前看过的一篇关于栀子花的文章。栀子花粗枝大叶，香气终日不散，故文人墨客认为其不矜持。但它从不在意，每年初夏该怎么开还是怎么开，一如既往地带来洁白和芬芳。它洁白得正好，芬芳得正好。它美丽、大方、朴素，还有最重要的一点——做自己，不管外界如何评价，它永远开得盛，开得香，开得毫无顾忌。

想到这儿，心中那困扰我许久的烦恼也有了答案——我们生来就是为了成为自己，而不仅仅是为了成为一个“正常人”。期待值得期待的，追求应该追求的，这便是人生的全部意义。

在这些白色花朵的目送下，我缓缓迈开了脚步。相逢是命运的安排，是人生中最美好的缘分。感谢这次难忘的相逢，使我懂得了许多。

点　评

这是一篇应试作文，题目是“难忘的相逢”。审题上必须把握两个点：“相逢”是中心语，故文中必须交代清楚关于相逢的前因后果，即遇见、如何遇见、遇见结果如何等等；“难忘”是修饰语，故文中必须凸显难忘之处及难忘的原因。本文紧扣题意，通过讲述与栀子花的相逢，引出“我”人生态度的转变，合情合理。既有耐心的铺垫，也有巧妙的升华；既有细腻的描绘，也有深刻的感悟。此外，本文构思精巧，以“我”与栀子花的相逢为主线，以“我”前后的心境变化为暗线，互为映照，从而意蕴饱满，境界悠远。

08 命题作文：最想做的事。

最想做的事

/胡博文/

你最想做的事是什么？这是一个能让人坐下来静静思考的问题。不同年龄段的人可能会有不同的答案；对于个人而言，答案也会随着年龄的增长而变化。比如，6 岁时的我最想做的事是遨游太空；10 岁时，我迫切想要做一台精致的模型；到了 30 岁，我可能巴不得赶紧下班；到了 58 岁，也许我只想退休回到浙江老家，安稳地度过一生……

那么现在的我，最想做的是什么事呢？

答案是环游世界。

你也许会说，我的梦想比同龄人的梦想来得更大胆。这是为什么呢？事情还得从我在网上刷到的视频以及我的地理老师说起。

小学毕业后有两个月的暑假。与现实世界的骄阳似火、足不出户截然不同，我的内心世界在畅想着奇妙的旅行。那时，我已经关注那位分享旅游生活的博主很久了。从厦门阵阵波涛的鼓浪屿和双子塔，到上海金桥的大自由高达立像，再到神秘而又浪漫的荷兰……原先我以为世界除了大之外没有什么，如今那位博主的视频却让我的认知如同地壳运动般发生了翻天覆地的变化。我按捺不住内心的向往，便跟家人一起踏上了游玩厦门之旅。

四十摄氏度的高温丝毫没有影响我游玩的心情。鼓浪屿、沙滩、波涛、落日、双子塔……我用全身各个感知器官尽情地体验它们，心中早已装下了整个厦门。我完全陶醉在美景中，激动到无法思考。家人以为我中暑了，其实只有我自己知道，那一刻我有多幸福。

厦门之行是我产生环游世界想法的一根“导火索”，而往这“浪漫的烟花”内部注入“火药”的，是我的地理老师。

地理老师今年才三十出头，却已经去过极地考察站了。他原先是上海气象站的成员，后来才来中学当地理老师。老师的青春年华还在绽放中，就已经做过了别人可能一辈子都做不到的事，他自然成了我心中羡慕的对象。听他讲地理课，我仿佛身临其境：讲到日本，我听不见窗外滴答的雨声，只听见富士山下一簇簇樱花绽放的声音；讲到东南亚，我看不到窗外艳阳高照，眼中只有一片又一片茂密的热带雨林……地理老师的课堂丰富多彩，讲述亲身经历的事情时又不时带点幽默与诙谐，令我万分神往。是他让我接触到不同地域的风土人情，拓宽了眼界；是他让我的认知从陆地往下钻，让我看到根深蒂固的文明之根；是他让我明白，人文胜迹永远郁郁葱葱，是因为有博大精深的文化之源在给它们输送养分。与原先肤浅的感受不同，现在我的心中已装下了整个世界。我立下志向，长大以后无论如何也要走出这片土地，俯瞰广袤的世界，做自己最想做的事。

希望 30 岁的我心中不只有下班，还有一个可爱的地球；希望 58 岁的我心中想做的不只有退休，还能在余生一览世界；希望今后的我能守住初心，做自己从前、现在、未来一直最想做的事，成为自己最想要成为的人！

点　评

本文主要有两个亮点。一是立意不俗、选材新颖。环游世界的梦想不落俗套，浏览旅游博主的视频而萌发环游世界的初心以及受地理老师的影响而坚定环游世界的决心两个素材则更让人耳目一新。二是巧用过渡句与前后照应的写法。本文第二、三、四、七这几个段落起到很好的承上启下的作用；首尾两段相互照应。正如高明的作者非常善于制造语段与句子间的某种关联，使文章前后连贯、语意畅达、整体性强、意蕴饱满，本文的作者便是这样的善为文者。

最想做的事

/徐璟芃/

大胆试想：如果你拥有一盏阿拉丁神灯，它能满足你一个愿望，你最想做的事是什么？成绩优异、身强体壮、英俊潇洒……每个人都会给出不同的答案。而我最想许的愿是拥有一支马良的神笔！

你可能会问："拥有一支神笔有什么用呢？"哈哈，它的用处多多！请看，雪白的笔尖在时空的画幕上轻盈划过，美好的事情一一发生——

我要用神笔涂画掉大街小巷的垃圾。树影摇曳，繁花朵朵，流水潺潺，百鸟争鸣……大自然多么美丽！可是，人们总爱乱扔垃圾，污染环境。一个牛奶盒，一节废电池，都是邪恶的涂鸦；核废水入海，浓烟冲上天，都是滔天的罪行！我要用神笔将世界勾勒纯净，我要用神笔在人们的脑子里郑重地写下"保护环境，保护地球"八个大字，让他们牢记于心，铭刻于行。提醒人们做好垃圾分类，把工业废料处理干净，齐心协力保护环境，这就是我最想做的事。

我要用神笔净化孩子们的心灵。近年来，未成年人的犯罪情况令人触目惊心！校园霸凌时有发生。我要用神笔洗涤一些人内心的阴暗，让光明照进他们的心灵。都说孩子是一张白纸，"人之初，性本善"，但"子不教，父之过；教不严，师之惰"。我要用笔尖把教育"芯片"植入家长、老师们的心中，让他们重视劝导，关心孩子。愿孩子们都拥有一片纯净的心田，绽放出世上最美的花朵。

我要用神笔绘就民族复兴的宏伟蓝图。“为中华之崛起而读书”的重任激励着我们，社会主义核心价值观引领着我们。“少年强，则国强。”中华民族伟大复兴的大旗要由我们这一辈扛起，并让它高高飘扬于世界舞台之上！ 回首往昔，革命烈士冲锋陷阵，无惧牺牲，用鲜红炽热的爱国之血铸成了如今的太平盛世；立足当下，“神舟”飞船的发射，全面脱贫奔小康目标的实现……无数先辈呕心沥血、鞠躬尽瘁，推动了祖国列车驶向更加繁荣强盛的下一站；眺望未来，祖国统一大业必将实现，高新技术人才短缺的困境必将突围。 我要用神笔画出国泰民安的美好未来，这是我心中最大的愿望。

马良的神笔难以成真，但保护环境、重视教育、建设祖国是我们可以且必须要做的。“恰同学少年，风华正茂。”让我们以热血之年华，战拼搏之青春，筑强盛之祖国，迎美好之未来！

点 评

本文充分展现出作者高超的想象能力与谋篇布局的意识。开篇，作者先以“拥有一盏阿拉丁神灯”的独特想象引入话题，交代“我”“最想做的事”是“拥有一支马良的神笔”，立意新颖，十分吸引人；紧接着，作者进一步发挥想象力，夹叙夹议，借三个画面的描绘把“最想做的事”具象化，发人深省；篇末，在总结全文的基础上点明中心，再升华主旨，起到完美收束全文的效果。

最想做的事

/俞明希/

在收拾东西时，我无意间发现了那台旧相机。它勾起了我对过去的回忆，勾起了我对爷爷的思念，让我想起了一件我最想做的事——让爷爷用旧相机再给我拍几张照片。

爷爷是一名摄影爱好者。他总喜欢用他那台老式相机记录我儿时的点点滴滴。那里面有我整个童年，也有爷爷全部的欢乐。儿时的我也十分喜欢爷爷的老式相机，外出游玩时，总会让爷爷拎上相机。

然而，随着年龄的增长，我开始讨厌爷爷的旧相机。它又老又旧，拍出来的照片不是这里糊掉了，就是那里色彩不明亮。总而言之，相机里没有一张照片合我心意。可它仍然忠实地躺在爷爷的大手中，顺从地按照爷爷的指令记录下我的生活——写作业、唱歌、上补习班、外出游玩……终于，有一天我忍不住了。我趁爷爷不在，将那台老相机塞进了一个黑暗而隐蔽的角落。

可第二天，那台老相机又像宝贝一样被爷爷重新捧在手中。

又到了周日下午外出运动的时间，即将出门时，爷爷又顺手拿起了老式相机。我不耐烦了，说：“爷爷，这东西太老了！拍出来的照片太丑了！”我一把夺过爷爷的老式相机，扔在鞋柜上，随后拿起手机，点开美颜相机，在爷爷面前晃了晃。爷爷乐呵呵地迁就了我。

我一边跳绳一边让爷爷帮我拍。回家后，爷爷翻看着相片，嘀咕着："这咋不像我孙女了嘞?!"我却美滋滋地说："挺好看的！真不错呀……"此后每次出门，我都让爷爷用美颜相机给我拍照，直到那一刻——

爷爷病了，躺在床上。他吃力地说："我想见见孙女……""好，"妈妈拿出手机，给爷爷看用美颜相机拍的照片，"希她出去上课了，您先看看照片吧。"不料爷爷却声嘶力竭地说："这……哪里像我……我孙女啊！"他指了指旧相机，说："看……看那个……"妈妈打开旧相机，爷爷露出了微笑。

仅过了两天，爷爷就走了。

"爷爷……爷爷！您能原谅不懂事的孙女吗？您能帮我完成一个心愿吗？您能用旧相机再给我拍几张照片吗？可以吗？我再也不嫌弃您的旧相机了。"

我一遍遍地抚摸着爷爷的旧相机。我的心事爷爷都听到了吧！

点　评

作为六年级的学生，作者能有如此高超的解题能力与叙事能力，非常难得。解题能力集中体现在作者对"最想"二字的诠释上：借"我"渴望爷爷再次为自己拍照折射出"我"对爷爷的思念之深。叙事能力体现在文中多处矛盾冲突点的设置上，比如，“我”对爷爷相机的态度前后有别，爷爷爱旧相机而“我”不爱，“我”藏起旧相机而爷爷将之捧在手中，“我”觉得美颜相机拍出来的照片美而爷爷觉得不像，“我”明白了爷爷对“我”的爱而爷爷却走了，等等。

此外，本文选材独特，寄情于物，以小见大，意蕴丰富，且故事一波三折，扣人心弦。爷爷的旧相机是贯穿全文的线索，既浓缩了爷爷对“我”的爱，也是“我”与爷爷矛盾产生的焦点，还寄托了“我”对爷爷的思念。

图源：即梦 AI

09 命题作文：推开那扇门。

推开那扇门

/王诗涵/

文字的世界丰富多彩。它往往以最平凡的模样出现，却给人最深刻的触动。一笔一画、一个文字、一个标点，拼凑在一起，就是一篇动人的文章。

上初中后，我有了一位新的语文老师。他会将我们写得好的文章进行修改与点评，变成优秀范文供我们欣赏。班上的每一位同学都渴望写出优秀范文，我也不例外。

十月初，班上的一位同学就已经写出了班级第一篇优秀范文。消息一出，便宛如一块巨大的石头砸向平静的湖面，激起不小的水花。同学们都兴奋地围绕在该同学的书桌旁，向她表示祝贺。他们欢乐的笑声如同一根根针扎在我的心上。我向来要强，此刻，我感觉他们的祝贺都是对我的嘲笑。我拿起她的优秀范文阅读起来。“‘新’好似一串永远悬在我们每个人心中的风铃……”我被她的文章所折服，再看了看自己的作文，便自惭形秽起来。是我的素材太单调了吗？我暗暗下了决心……

自此以后，我开始大量搜集名家名作及同学们写的作文的素材，研究作文套路，告诉自己一定要把他们的文章背下来，相信只要复刻了他们的文章便能写出优秀范文。不出所料，我的作文分数一直在提高，离写出优秀范文越来越近了。

一次作文考试后，老师念到我的分数：“诗涵，53 分，但是套作，扣 3 分，最终得 50 分。”一刹那，我如遭晴天霹雳，委屈与不解顿时涌上心头。我明明已经将写作套路完全掌握了，可为什么还是写不好呢？

老师将我领到办公室，将我的作文放在桌上：“你为什么一定要把作文写得这么虚假呢？你看看，你明明没有经历过这些事，却偏偏要这么写——‘清晨，母亲早早便背上竹筐去喂鸡……’。写作文，不是照抄别人的素材，而是要学会留心观察生活小事，用自己的语言去讲述，去推开属于自己的写作之门……”

老师的一番话让我顿时醒悟。写作文，写的是自己的故事，抒发的是自己的情感，为什么我要用不符合自己实际的文笔与素材去铺就自己的作文路呢？

从此，我开始留心观察生活，并尝试另一种方式的阅读。与以往不同，我不再机械地背诵书上的情节与字句，而是学习作者的写作思路，琢磨他们如何用最朴实、平淡的语言进行讲述与表达。渐渐地，我写作愈发顺手，也终于成功写出了自己的优秀范文，推开了那扇门。

文字的奇妙之处不在于你的句子与用词有多华丽，也不在于你写出的故事有多精彩，而在于你是否能创造出一个足够丰富的情感世界，这也正是人们如此珍爱文字的原因吧！

想到这儿，我知道，我一定会在写作的道路上越走越远……

点　评

被学生写到作文中是一种奇妙而幸福的体验。本文所讲述的基本是真人真事，所表露的更是真情实感。很高兴看到诗涵同学“复刻”并领悟了我对作文写作的理解，即作文有炫技成分，但如果仅仅着眼于此，把写作功利化、格式化，则又会适得其反，因小失大。文字之美不在于外，而在于内，唯有“创造出一个足够丰富的情感世界”，我们才能“在写作的道路上越走越远”。

推开那扇门

/洪予洋/

“等闲识得东风面，万紫千红总是春。”在我的老家，推开那扇家门，就是一片美不胜收的景色。

眼下尽是茂密的芦苇丛。微风吹过，芦苇在风中摇曳，就像身材纤细的女子在翩翩起舞。走在芦苇丛中，仿佛躺进了母亲温暖的怀抱，柔软而舒适。

向前方平视，我看到了那条长长的大樟溪。大樟溪的溪水清澈无比，好似一面巨大而又明亮的镜子，为两岸的花草树木提供了梳妆打扮的地方。清晨的大樟溪溪水平静，没有一丝涟漪，直到太阳高挂在空中，才会有艄公驾驶着小艇在溪面上呼啸而过。每当这时，溪水就会由内向外、由小及大地扩散出阵阵波浪，那场景着实壮观。

若是沿着溪岸走，不久就会走到一处堤坝。溪水流经这里时，总要加快流速，冲泻而下，发出闷雷般“轰隆隆”的巨响。冲泻的溪水猛地拍在下方的石头上。石头经溪水多年的冲刷，早已形态各异、造型独特了。

我眺望着前方，又将目光转移到大樟溪的对岸。那里是广阔的溪滩，上面生长着无数绿油油的长草。每当微风拂过，长草就上下起伏，形成一片绿色的海洋。绿色的海洋不断翻滚着波浪，与大樟溪相呼应，仿佛在演奏着一曲动人的乐章。溪滩上还有成群结队的牛羊在惬意地散步、吃草，有时还会有几只白鹭在此憩息——它们闲庭信步，那匀称的身材、优雅的气质，令人赞不绝口。白鹭、牛羊和长草汇成一幅美妙和谐的春景图，给人以视觉上的美的享受。

绿色“海洋”的后面是一片树林，郁郁葱葱、生机勃勃。当然，其中最引人注目的应是那几棵高大挺拔的白杨树。它们笔直地矗立着，仿佛守卫边疆的战士，忠诚地守护着大樟溪。

树林的西侧是一片低矮的丘陵。丘陵被绿色灌木覆盖着，如同一个绿色的大碗倒扣在溪对岸，充满勃勃生机与情趣。

树林的后面是一座不知名的高山。它高耸入云，山脚下和半山腰都住着许多的人家。每当早晨、中午和晚上要煮饭时，这些人家的烟囱上就飘出袅袅炊烟，远远望去，仿佛已经闻到饭香，令人垂涎欲滴。山顶上常年云雾缭绕，更增添了一丝神秘感。可能是因为距离太远了，即便那里有一些狗吠和鸡鸣声，我也听不见，整座山是静谧的，肃穆的。

这就是我家门前的优美景色，这正是我所追求的安逸、宁静的生活。推开那扇门，我与大自然撞了个满怀。其实，生活中还有无数的美景，等着我们走出家门去探索，等着我们打开心灵之门去发现。所以，请推开那扇门吧，去外面走走，去领略祖国大好河山的壮丽，去感受大自然之美、人情之美、生活之美。

点 评

这是一篇选材新颖、思想深刻的写景说理散文。作者观察细腻，想象力丰富，文思缜密，文笔优美，以空间变换为序，有条不紊地描绘出“推开”老家“那扇门”后所看见的自然美景：茂密的芦苇丛、长长的大樟溪、堤坝冲泻而下的溪水及形态各异的石头、广阔的溪滩、郁郁葱葱的树林、低矮的丘陵、静谧的高山。在详尽而生动的景物描写的基础上，作者提炼出关于人生的真知灼见，呼吁读者要多“领略祖国大好河山的壮丽，去感受大自然之美、人情之美、生活之美”，使文章内涵丰富，格调不凡。

10 命题作文：我遇见了美。

我遇见了美

/蔡歆妍/

美是清晨的第一缕阳光，美是到校后与同学互道的一声“早安”，美是为了取得好成绩而努力拼搏的姿态，美是消防员冲进火场时的英勇身姿，美是运动员为国争光的矫健身影……美可以很宏大，也可以很细微，美无处不在。遇见美，我很荣幸。

早晨的阳光分外柔和，它透过轻薄的窗帘，在房间的白墙上斑驳地停留着。我睁开乜斜的睡眼，不经意间瞥见窗外树枝上两只鸟儿在相互依偎。我的睡意不禁消了大半，心想，真是个美好的早晨。

我飞快地收拾好书包，来到餐厅就座，等待吃早餐。今天的早餐是奶奶自己包的扁肉。巴掌大的碗里漂着十几个扁肉，汤汁清澈，再点缀上葱花，是我喜欢的口味与做法。我转过头，对正在厨房里忙活的奶奶喊道：“奶奶，谢啦！”奶奶似乎被我这一喊吓了一跳，转过身道：“好了，奶奶知道了哈，你快点儿吃，吃完去上课。”“好嘞！”我狼吞虎咽地吃完了早餐，舔舔嘴唇，恋恋不舍地回味着肉馅的鲜美。

我背上书包，一边蹦跶着，一边哼着小曲儿上学去。刚下楼，就看见隔壁的王叔正在倒垃圾。“王叔，起这么早啊！”我打了个招呼。王叔抬起头来一笑，眼角堆满了皱纹，显得格外亲切：“哎，小叶子，上学去啊！周末来叔家，你婶给你做面饼吃。”“好的王叔，王叔再见！”我挥挥手，转身离去。上学路上，鸟儿在唱，花儿在笑，格外美好。

来到学校，值日的同班同学叫住我：“叶子叶子，帮我把书包拎进去。”说完，她就从身后变出一个硕大无比的书包，看着就很重。我把书包接了过来，装作一脸嫌弃的样子，问道：“你这是把全部家当都背来了吗？”她挠挠头，打着哈哈：“哦，嗯，你帮我一下，谢啦！”我顿感无语，这书包不背也得背，不过谁让她是我的好朋友呢？举手之劳而已。

来到教室，刚放下书包，老师就来找我了。她拍拍我的肩，微笑道：“叶子，这次考得不错，比上次进步了好多，继续保持哦！”说完，她还做了一个加油的手势。我心里暖暖的。

课堂上，我遇见了学习之美：语文课上，我高声朗读，与古人共寻山川之美；数学课上，我演算着习题，感受逻辑推理之美；英语课上，我学习英文语法，领略西方语言之美；音乐课上，我引吭高歌，享受经典旋律之美……

一天的课上下来，我还是元气满满。

晚上，我靠在床头，窗外明月高悬。我不禁思考：明天我又会遇见怎样的美呢？我带着这个问题进入了梦乡。

每一天、每一秒、每一刻，我都在遇见美，这个世界多么美好。遇见美，我很荣幸。

点　评

“美”是什么？作者说：“美可以很宏大，也可以很细微。”宏大到如“运动员为国争光的矫健身影”，细微到如一缕阳光、一声问候，所以，“美无处不在”。接着，作者用“我”一天里遇见的各种美来具体诠释“美无处不在”的内涵，层次感强，叙事节奏紧凑。最后，以“我”带着问题入睡收束全文并抒发感慨，回扣开篇。本文内容充实而具体，语言简洁而有味，结构精巧而明晰，是一篇值得一读再读的好作文。

我遇见了美

/陈铭玥/

桂花的清香涌入口鼻，顿时，我觉得全身都被芬芳包裹着。细细品味，我发现原来生活中处处都有美，美就像小精灵一样无时无刻不围绕在我的身边。

“看看你们，又吵吵吵！能不能安静点？”不难猜到，又是班主任在维持纪律了。“咚咚”，一阵清脆的敲门声响起。“来，大家先订正作业，不懂的来问我，被我叫到的同学到讲台上来！”英语老师总是会利用课间来帮我们提升成绩。“认真订正，不要浪费老师的努力！”班主任大声叮嘱道。跟英语老师对视一笑后，班主任便离开了班级。“铭玥，上来一下。”英语老师直接点我的名。我心里一惊。自从步入初中后，我的成绩直线下滑，就连最拿手的英语阵地也失守了，我很是苦恼。面对父母的期待，我知道，我不能让他们失望，于是开始奋发图强，熬夜学习，然而这又导致我上课犯困。“你是不是又熬夜了？”英语老师一句话戳中了我的痛处。我支支吾吾，不敢应答。“……最近小测有进步。”听到最后一句，我瞬间精神了。老师用指尖指出我的问题，用红笔勾出我出错的地方。“但还是很粗心，你看……”夕阳透过窗户斜照在老师的身上，有一种温暖的感觉，像一幅定格了的油画——我遇见了美。

每次妈妈过生日，我都会送她一份精美的礼物。当她抱着礼物向爸爸炫耀时，爸爸总会装作不经意地一看，然后摆出一副无所谓的样子，双手叉腰，说道：“你们女孩子当然喜欢礼物，我可不需要！”我当然知道，爸爸也想收到我的礼物，但他总是爱面子，不愿说出口。我心头一暖，顿时有了想法。父亲节这天，爸爸高兴得像个孩子，问我今天是什么节日，我拿出了准备好的礼物送给他，他高兴得手舞足蹈。爸爸，其实我有太多的话想跟你说："每次看到你笑，我就跟吃了蜜一样甜。你总叫我小傻瓜，我也爱叫你大傻瓜，小傻瓜自然比大傻瓜聪明哦。父爱如山，亲爱的爸爸，遇见你，就等于遇见了世上最美的风景。"

小区里有一家桂花糕店，美味的桂花糕我从小吃到大。一有空，我就会去买一点，品尝一番。桂花糕的口感不甜不腻，有一种清新的味道，吃完唇齿留香。店主是一位慈祥的奶奶，见到熟客，她总是特别热情地招待。买完桂花糕，我顺便帮奶奶做宣传："新鲜出炉的桂花糕，可好吃了……"顾客越来越多，纷纷品尝桂花糕，大家交口称赞。奶奶见状，也笑得合不拢嘴。人与人之间和谐共处，这不也是一种美吗？——我又遇见了美。

微风过处，桂花纷纷落下。凋谢的是桂花，美却长存。美无处不在，只要用心去感受，我就能遇见。

点　评

"美"是什么？可以是自然的美景，也可以是人心的温暖，是世上一切让人愉悦、感动的人、事和物。"遇见"有不期而遇之意，指无意间的发现与领悟。该篇作文题目给学生发挥的空间很大，可以写人、写景，也可以状物，或者兼而有之，谈遇见多种美。本文就是后者。作者以生动而有温度的笔触叙说师生情之美、父女亲情之美、人与人之间互敬互爱的人情之美，情感真挚，内容充实，是一篇值得同学们学习与模仿的情感美文。

我遇见了美

/王诗涵/

罗丹曾说：“这世间不缺少美，只是缺少善于发现美的眼睛。”是的，美无处不在，等着我们去发现、去探索、去用心感受。

美，显露在大自然神奇的画作里。大自然是个调皮的小姑娘，天空与大地都是她的调色盘。她将颜料随意倒入，再用刷子均匀涂抹，变幻出世间万物斑斓色彩。“万紫千红总是春”，春天，就是大自然最杰出的作品。云重雾锁，闷雷一响，小草使出全身之力冲破湿润的泥土，露出圆圆的小脑袋。花朵这些懒家伙，一朵朵都要等到暖阳斜照才肯向人们展示自己艳丽的面容。推开家门，入目即是一片碧绿的草坪，土地柔软，青草蓬松，躺下仿佛就能回到母亲温暖的怀抱。踏进大自然，我遇见了美。

美，包含在家人对我无微不至的呵护中。我很喜欢吃妈妈包的扁肉，常常缠着妈妈给我做。当清晨第一缕阳光透过窗户照在我的脸庞，我睁开眼，就能看见摆在床尾的整齐的校服。洗脸刷牙完毕，走进客厅，阵阵香气便扑鼻而来。走近一瞧，妈妈早已将我爱吃的扁肉做好，放在桌上温着。颗颗扁肉宛如雪白的小精灵，微微泛着红晕，衬着碧绿的葱花，好看极了。我轻轻咬上一口，扁肉的味道瞬间在我嘴中蔓延开来，香气氤氲。我转头向妈妈投去感谢的目光，却见她在为我准备带去学校的水果。她将我落在桌上的书本连同水果一起放进我的书包，一边放一边唠叨着“吃快点”“天气冷记得穿外套”“上课认真听”……妈妈对我的爱藏在这些小小的细节里。在家人的爱与关怀里，我遇见了美。

美，隐藏在散发着浓浓墨香的书籍里。“书中自有黄金屋，书中自有颜如玉。”这话一点儿也不假。翻看书本，去品味一个个主人公丰富的精神世界，是一种妙不可言的愉悦与满足。然而，上了初中以后，学业压力不断增加，常常压得我喘不过气来，自幼爱看书的我看着书架上的一排排书本落满了灰尘，也只能感到无能为力。有时，学习疲倦了，妈妈让我去看看课外书，放松身心，我便拿起它们。《红楼梦》既有儿女情长，也有家族兴衰，温婉而壮阔；《我与地坛》是史铁生对生命的感悟，激荡着磅礴的力量；《老人与海》里，老渔民桑迪亚哥的硬汉形象让我敬佩；《假如给我三天光明》中，海伦与命运顽强对抗，给我指明人生的方向……翻着翻着，我仿佛进入一个全新的世界，看到另一番美景。“闭门即是深山，读书随处净土。”翻开书籍，我遇见了美。

美藏在世间万物之中，只要我们认真观察，用心生活，它就时刻陪伴在我们身边。

点 评

本文主体部分的三个层次安排得很妥当：大自然之美是空间上的视觉愉悦，妈妈给“我”的亲情之美是心灵深处的感动，学习疲倦时体会到的阅读之美是精神上的放松与鼓励。三个事例由大到小，由自然到人为，由外在到内在，紧密地联结在一起，可见好文章从来都是脉络分明、环环相扣的。

图源：即梦 AI

11 命题作文：你是我的光。

你是我的光

/蔡歆妍/

你是落在我生命里的一束光。当你向我走来时，世间焦点就是你，万物都不及你的万分之一。妹妹，你是我的光，是我生命中不可或缺的一部分。

辛丑牛年，你降临这人世间。那晚，夜空中繁星闪烁，却又显得有一丝阴沉，寒冷的晚风吹得我瑟瑟发抖。我牵着大姨的手，在小区门口望着妈妈被送上救护车，不由得愣住了。妈妈会没事吗？当我反应过来时，救护车已经远得只剩一个白点了，只有清脆的警笛声还在我耳边回荡。大姨握紧我的手，安慰道："没事，别怕，你妈妈会没事的，小宝宝也会没事的。"我听不进大姨安慰的话语，失神地想着：这么快就要来了吗？

我曾在得知妈妈怀孕后的无数个夜里哭泣，担心家中有了小宝宝后我就成了一个多余的人，但事实并非如此。你来到家中后，爸爸妈妈给了我们均衡的爱，我也对你爱护有加。

大概是学业压力太大了吧，你出生后的那段时间，我心里被阴霾笼罩着。我不懂得如何倾诉，也不会解压。但不知怎的，我一看到你，光晕就在你手中浮现。我忍不住抚摸你的小手，亲吻你的脸颊，仿佛有一股无形的力量环抱着我，给予我安慰。

后来，你越长越大，成了我的最佳玩伴。当我情绪低落时，你奶声奶气地咿咿呀呀，好像在安慰我："姐姐不要伤心了。"然后，你用胖乎乎的小手递来一根棒棒糖，仿佛在说："姐姐吃糖，吃完糖就开心啦！"每次见到你灿烂的笑容，我会好开心，再多的愁苦也会在一瞬间消失不见。或许，你就是我的光吧。

今年五月，你三岁了，妈妈给你举办了一场盛大的生日派对。那天晚上，我们玩得很开心，我给你唱了生日快乐歌，又送了你一辆自行车。你像个大人一样一本正经地说："我要载姐姐去遍天涯海角。"我"扑哧"一声笑了，和你拉钩，许下承诺。

夜深人静，我坐在书桌旁，望着窗外的夜色出了神。墨色的天空被繁星点缀，充满诗意。这多像三年前的那个夜晚啊，只不过我的感受不同罢了。我在日记本里写道：亲爱的小宝贝，感谢你陪伴我一千多个日日夜夜！有了你，我不再孤单。生日快乐，妹妹，你是我的光！落下最后一个标点，我便关灯上床，进入了甜甜的梦乡。在梦里，你变成了我的天使，陪伴着我，守护着我。

点缀夜空的点点星光是光，挑灯夜读的一豆烛光是光，温暖我心的一束阳光是光……世间各处都有光，被光照耀着的人是幸运的、幸福的，我也有幸遇到了这样一束温暖的光——妹妹，你是照耀在我生命里的一束光。有你陪伴的日子，晴空万里也不过寻常，有你的地方便是我温暖的港湾。

点　评

本文紧扣题意，以第二人称来叙述，将妹妹一路上给予“我”的温暖陪伴娓娓道来，揭示出“光”的深层含义，轻松平实的文字背后流淌着脉脉的亲情。在写法上，作者巧用两处环境描写前后照应，既渲染了气氛，也烘托了“我”不同的心理活动。

你是我的光

/赵云飞/

为什么你成为我的一束光？在这个步履匆匆的时代，有几个人会愿意让自己的孩子停止赶路？而你，却让我停住脚步。你说，你可以接受一堆低分试卷出自你的儿子的事实，但绝不愿看到你的儿子失去快乐和善良。

十四年前，在柔和的月光下，我呱呱坠地，命运让我们相遇。长大后我明白，当时的我一定是被你英俊的样貌“帅”哭了。你梳着大背头，顶着啤酒肚，四肢粗壮，肌肉发达，气宇轩昂。啤酒是你的“打气筒”，是你忠实的朋友。作为一个长年在外拼搏的“企业家”——我心目中的你开朗健谈，处事圆融，即使薄功少禄，又有什么关系呢？你是我的生命之光。

还记得那一次你陪我打游戏机的经历吗？机器出故障，吞噬了我的游戏币，而工作人员却不予理睬。你是怎么做的？你火速起身，找老板理论，干脆利落，主打一个快、准、狠，真是威武极了！你据理力争，辩才滔滔，为我赢回了“合法财产”。你抓着游戏币，像孩子一样屁颠屁颠地跑回来，把游戏币递给我，满脸笑容。金黄的游戏币在灯光的照耀下熠熠生辉，照亮了我的童年。

长大后，我开始接受知识的熏陶。而你，又照亮了我的知识探索之路。为了给我创造一个安静的学习环境，你拒接了无数的电话，忽略了无数的短信。你就是一部历史书、一本政治书、一篇贯通古今的文章、一幅包揽万物的画卷。理科不强的你虽然方程不会解，全等不会证，但你把一束人文学科的启蒙之光照进了我的心里。

不知遗传一说是否可信，跟你一样，历史和道德与法治是我的优势学科，而我的数学非常不好。“情郁于中，自然要发之于外。”于是，在某一天，焦躁至极的我突然把手里的东西扔向地面，摔得粉碎。

一天晚上，我又在摔东西。母亲拨通了你的电话。视频通话中，你问我发生了什么，我抱怨数学太难了，你听后却笑了，说这些事确实挺让人糟心，但这只是人生中能遭受到的最小的失败，所以不必太在意。你乐观豁达的笑让我心里的愤懑顿时消散了许多。

挂了电话，我便平复了心情。两个小时后，我又接到你的电话，这次不是视频，令我有些诧异，因为你一向是喜欢用视频通话的。

电话里，你语气、语调似乎不太正常。几句寒暄过后，你说你很难过，我好多次都因为解不出数学题而砸坏家里的物品让你觉得我失去了些东西。我问你是什么，你说："是快乐和善良。"

我愣了一下。你问我记不记得小时候的梦想，我当然记得。"做公交车司机。"你笑了，我也笑了。你自责地说："以前我嘲笑你的梦想，说你没出息，但现在不一样了。"我问缘由，你回答道："因为我看见了快乐与善良的重要，如果你拥有它们，那无论你是想做司机，还是国家元首，我都支持！"你突然哽咽了。

父母给孩子的爱有许多种，有的盼你全力冲刺，有的盼你一直歇着，而我的父亲告诉我，拼了命前进时不妨休息一会儿，因为人生最重要的东西其实只有两样。

父亲，你是我的光，无时无刻不陪伴在我的身边。我要时刻守住这束光，就像你为小时候的我守住游戏币一样。

点　评

这是一篇诚挚动人的心灵随笔。正如标题所言，父爱之光无处不在，无时无刻不陪伴着“我”。本文也处处散发着情感的光芒：父亲为了家庭勇于担当的形象让读者感动；父爱的伟大在每一件普通的小事里显现；父亲的人生智慧不但让“我”平复了焦躁，也给“我”指明了方向；“我”对父亲的崇拜、追随、感恩也溢于言表。

图源：即梦 AI

12 命题作文：看月与探月。

看月与探月

/阙子翔/

天空中那一轮皎洁的明月，五千多年来引发了中国人多少浪漫的想象？古人遥望月亮，寄托无尽的情思，留下无数扣人心弦的诗词；新中国成立以来，无数科研人员挥洒汗水，终于实现首次探月，实现了中华民族的伟大梦想。

看月，是人类维系千年的浪漫情怀、情感寄托。夜深人静，仰望星空，月亮是最耀眼、最动人的。她激发无数文人创作的灵感：张九龄遭贬为荆州长史期间，望见天空一轮玉盘，顿生感慨，吟出“海上生明月，天涯共此时”的千古佳句；杜甫因安史之乱而流落秦川，思念亲人，写下“露从今夜白，月是故乡明”的深情告白；苏轼被贬黄州，失意时与张怀民共赏承天寺月光，发出“何夜无月？何处无竹柏？但少闲人如吾两人者耳”的旷达自嘲……月是人们情感的慰藉，寄托了人们无数的思念之苦、离别之痛、人生之思。

“路漫漫其修远兮，吾将上下而求索。”探月，是将千百年来的浪漫理想付诸实践的过程。古有万户飞天，为实现理想献出生命；今有众多科研人员团结一心，众志成城，揭开月球神秘面纱。嫦娥四号实现人类首次月背软着陆的壮举，嫦娥五号、嫦娥六号共带回 3666.3 克的月壤。这些成就背后是科研人员的不懈努力，是面对未知的挑战与巨大的困难而永不止步的顽强毅力。中国科学家凭借这样的探月精神，在人类航天事业发展史上添上了浓墨重彩的一笔。

对于个人而言，人生不也是一个在“看月”中立下目标与梦想，不断努力，从而实现“探月”的过程吗？

小时候，我就对父亲的职业心生向往，看到他在键盘上铿锵有力地敲下一段段神秘的代码，我顿觉父亲的背影在柔和的月光映照下显得如此高大。父亲给我讲乔布斯创立苹果公司的故事，在我的内心种下了一颗“探月”的种子。我长大了，父亲买来机器人，教我编程的知识。我的笔记本越来越厚，对机器人的兴趣有增无减。六年级时，我和同学报名参加“智能运输器”机器人比赛。我踌躇满志，誓要夺下冠军。经过无数个日夜的埋头准备、废寝忘食，我终于扛着自己改装的机器人雄赳赳、气昂昂地踏入了赛场。我心想，“探月”能否成功在此一举。但在第一场比赛中，我们的机器人就像愤怒的斗牛，横冲直撞，失去了控制。首战失利，我沮丧地蹲在墙角，心乱如麻。怎么能放弃呢？中国科学家克服了那么多困难，才有了嫦娥探月工程的成功实施。我暗暗鼓励自己。经过仔细分析，多次调试，我们最终打破困局，获得了二等奖。

只有理论与实践相结合，目标才会实现。在“看月”与“探月”的交替中，我坚信，我们将不断走向辽远的未来，去拥抱星辰大海！

点 评

这是一篇夹叙夹议的精美散文。文章开篇即破题，由对月的发问引入，以古人看月与今人探月作答，总领二、三两段的内容——先谈看月，再论探月；第四段承上启下，将话题由民族情结、国家发展过渡至个人奋斗上；最后一段直截了当地收束全文。总的来看，本文对题意的解析相当透彻，行文思路清晰，语言风格多变，是一篇相当有水准的应试作文。

看月与探月

/邱楚瑶/

蝉“知了知了”地叫，风呼呼地吹。还记得小时候，我和小伙伴们躺在老家平坦的屋顶上，一双双眼睛齐齐望向夜空，对月亮充满无尽的遐想。

人类不像飞鸟，只有一双腿行走在陆地上，可人类还有一双“琉璃”明眸，一抬头就能看见每夜都在变换形态的月亮，怎么会不想去探索、去征服？

有了方向，就有了行动。我和小伙伴们互相抛出很多问题：“月亮是由什么组成的？”“月亮为什么会发光？”“月亮为什么每晚的形状都不同？”“月亮距离我们有多远？”……问题很多，但是我们都回答不上来。我们面面相觑，只好缠着大人，要他们告诉我们答案，但大人含糊不清的说法也没有让我们满意。最终，问题如石沉大海，了无踪迹。

怀揣着越来越多的问题，我们长大了，来到了学校——一个能为我们解答看月疑问的地方。

我在班级图书角的一本书上找到了答案。那是一本专门记载航天知识的书，从书上，我知道了原来月亮的光是太阳光反射的；原来是因为月亮绕着地球转，才在每夜看起来或缺或圆……我如获珍宝，恍惚间，想起了和小伙伴们一起看月的那个夜晚。此刻，天空深邃，一眼望不到边际，头顶那轮明晃晃的月亮好大好大，仿佛唾手可得，可当我伸出手，却怎么也碰不到它。月亮的诞生是源于陨石撞击吗？月亮有一天会不会离地球而去？……这轮神秘的月亮又让我产生了更多的问题，而这些问题又是这本薄薄的书回答不了的。

产生问题，思考问题，解决问题，继而产生新的问题，再思考……就这样无限循环下去，也许，这就是看月带给我们的前进动力吧。因为看月而产生无尽的想象，因为探月而把这些想象变成现实。2024年，嫦娥六号成功发射，着陆于月背，又带着月壤飞回祖国，让科研人员对月球的了解又加深了一层。2026年，嫦娥七号也将升空探月……看到这些振奋人心的消息，我由衷地为祖国的繁荣发展感到骄傲，同时，也更坚定了自己要努力学习、将来有所作为的决心。

看月，是情感的寄托、梦想的起源；探月，是科学的实践、伟大的征程。在看月与探月的转换中，人们实现了期待已久的梦想，国家迎来翻天覆地的变化，人类开拓了未知的领域。发展与进步是时代永恒的主题，相信在不久的将来，人类对月球的探索会更加深入，探月不是终点，而是起点。带着一颗探月之心，人类将在宇宙中走得更远！

点　评

“看月与探月”是2024年福建中考作文题目。作为即将升入初二的同学，作者能写出这样层次分明、内容充实、表达精练而大气的作文，值得表扬。本文主要由三部分内容构成：一是“我”和小伙伴们小时候因看月而引发无数疑问；二是长大后“我”通过阅读解开探月疑问，却又产生新的疑问；三是得知中国探月工程最新消息，“我”无比自豪。从中我们可以感受到，作者的写作脉络是紧扣“看月”与“探月”两个关键词来展开的。结尾以议论与抒情深化主题，有力地收束全文，赞美人类永不止步的探索精神，深情描绘人类未来的理想图景。

看月与探月

/陈梓暄/

宁静的夜晚，银色的月光如清泉般流淌，将万物的影子细腻地拉长。我伫立在庭院之中，仰望那一弯新月。它宛如镶嵌在夜幕中的宝石，散发出层层光晕，由深及浅，交织成一片如梦似幻的景象。月光轻洒，树枝如同披上了一层银色的薄纱，随风轻轻摇曳。

我沉醉在这朦胧的月色之中，时间仿佛凝固。片刻后，我转向父亲，好奇地询问："月亮上究竟有什么？它真的太美了！"父亲微笑着抚摸我的头，眼中闪烁着光芒。他笑而不答，只轻声吟诵起那些关于月亮的诗句："举头望明月，低头思故乡……"

岁月如歌，当我独自在异乡，夜晚，望着如钩的新月，心中不禁涌起对童年时光的无限怀念。父亲的诗句和那温馨的庭院如一幅画卷，永远镌刻在我的记忆中。然而，世间万事万物如同梦幻泡影，花开花落，何时我才能完全参透？人生难免有苦痛离别，每个孤独的夜晚，我只能借助明月倾诉衷肠。

每当我仰望月亮，总会遐想，自己何时能够踏上那片神秘的土地？而当阅读新闻的时候，我发现这个梦想正逐渐成为现实。

早在 2013 年，中国的嫦娥三号就成功登陆月球；

2020、2021 年，天问一号与神舟十三号相继发射成功，标志着中国航天事业的又一次飞跃；2024 年，嫦娥六号首次实现了月背自动采样返回，采集了近两千克的月壤。君不见，孙家栋以凌云之志，开启了天穹之门；君不见，任新民默默奉献，铸就国家航天利器。岁月镌刻着中国航天人辉煌的成就，彰显着他们坚韧不拔的精神与炽热如火的爱国情怀。

身为中华儿女，国家科技每一次的发展都让我心潮澎湃，激动不已。仔细想想，人生又何尝不是如此？面对困境，我们不能轻言放弃，唯有坚忍不拔的毅力，以及超乎常人的勇气，才能帮助我们成就一番伟业。国无精神不强，人无精神不立，敢于攀登、勇于超越的探月精神，是这个时代最有力的脉搏，激励着我们不断前进。

看月，是静默的欣赏、诗意的遐想；探月，是大胆的实践、科学的探索。二者看似迥异，实则相辅相成。如今，当我再次仰望夜空中那轮明月，心中所荡漾的已不仅仅是诗意与浪漫，而是有了更加确切的答案。

生于红旗之下，长于春风之中，我们视野所及，皆是中国的日新月异、繁荣昌盛。五星红旗的光芒照亮了我们的信仰。当我们接过中华民族伟大复兴的接力棒时，更应牢记看月初心，秉持探月精神，坚定信念，勇往直前！

点 评

本文先由“我”儿时的看月引入，刻画月下庭院的朦胧美景、父亲享受月色的陶醉之态，以及“我”在异乡陷入孤独的迷茫之状；接着，作者将个人对月的感性的理解置于时代、国家的宏大背景中，借中国航天人付出的努力及取得的成就充实探月精神的内涵，以此让个人与国家融合，让看月与探月接轨，更有力地揭示了文章主题。

13 半命题作文：那一次，我真________。

那一次，我真内疚

/王诗涵/

她是我的小学同班同学。在我印象里，她又高又瘦，跟竹竿似的，因为太多次抄作业、成绩差、和男生打架而被请家长。然而，每次老师批评完，她还是老样子——成绩纹丝不动，作业照抄不误。期中考就因为她一个人的不及格，我们全班的努力都白费了，班级排名直接掉到倒数，因此大家都不太喜欢她，我也对她心有芥蒂。每次她和我说话，我都会有意无意地疏远她。直到那一次，我才真正了解了她，重新认识了她……

那天上午，班级更换新桌椅，要求同学们自己下楼搬。我看了看堆积如山的桌椅，又望了望远在三楼的教室，心想：这可比登天还要难！大部分女生都是两个人合搬一张桌子，像螃蟹一样横着走，一步一步往前挪。只有她一个女生独自扛起一张桌子，昂首挺胸地向教室走去。那架势，比男生还厉害。

我和好朋友搬完自己的桌椅就到一旁休息了。而她，来来回回跑了几趟，搬好自己的桌椅后，还主动帮其他同学搬。只见她先弯下腰，一只手搭在桌子前边，另一只手勾起桌子的后边，右手往上一抬，左手再一使劲，用力往上一甩，桌子立马稳稳当当地坐在了她的肩上。然后她把左手松开，身子往下一弓，正当我以为她准备往前走时，她却用空出的左手用力地将左边的椅子也提了起来。提起椅子的瞬间，她的身子也往下沉了一下。但她又抬起头，眼里散发着坚毅的光芒，随后，迈开步子，一步步往教室走去。

当她到了班上，艰难地将桌椅放下时，我发现她原本蓬松的刘海已经被汗水浸湿，粘在额头上。她的脸红得像颗熟透了的柿子，脖子上全是汗珠，后背也全湿了。她的双腿打着战，嘴里喘着粗气。我刚生起一丝上去关心她的念头，没等上前，她却已经撸起袖子，一边擦汗，一边转身飞奔下楼，继续帮助其他同学。阳光从窗外斜射进来，不偏不倚地打在她的身上，构成了一幅多么美好的画面……

望着她离去的背影，所有的内疚涌上心头。我忽然意识到，以前的我太武断了，仅凭学习成绩来评判一个人，认为她学习差就样样都差，却没发现她勤劳、善良、乐于助人，而这些，才是一个人最珍贵的品质啊。

学习成绩不是衡量一个人的唯一标准，每个人都有自己的闪光点，看待问题也需要从多角度去进行。那一次，我真正认识了她，也认识了自己。

点　评

本文亮点有：一、先抑后扬，使文章行文有波澜。在刻画主人公——“她”勤劳、坚毅、乐于助人的形象之前，先做足铺垫的功夫，着意描写“她”由外（外貌不佳）而内（不爱学习）的后进生的形象，前后两种形象既形成鲜明对比，又趋于统一——“我”固执己见，“仅凭学习成绩来评判一个人，认为她学习差就样样都差”，从而引出主旨，水到渠成。二、细节描写细腻，动作描写、心理描写、外貌描写、环境描写相结合，使文章内在充实，有血有肉，人物形象丰满。搬运桌椅过程中，“她”不辞辛苦，勇挑重担；“我”和其他同学拈轻怕重，畏首畏尾，二者同样构成鲜明对比，凸显出“她”的光芒。三、篇末的议论将主题深化，由单纯的误会转入对人生道理的揭示，使文章有内涵、有深度、有创见。

那一次，我真舍不得

/齐美妍/

清脆的闹钟铃声唤醒了我，我翻身而起。“才六点啊……”我嘟囔着，整个身子又如流水般软了下去。不对，我脑中突然灵光一闪，“嗖”的一下蹦了起来。妈妈已摆好了丰盛的早餐，见我醒了，开口道：“起这么早啊？以前都没见你这么积极。”“您也不想想今天是什么日子，能不积极吗？”可别说，为了这一天，昨晚我可是早早就躺下了，尽管激动得翻来覆去睡不着。

去学校路上，心情是不由自主的愉悦，天空是从来没有过的蓝，空气中杂糅着一丝沁人的甘甜，路旁的野花也增添了几分可爱。我迈着轻快的脚步踏进班级，最先听到的是同学们震耳欲聋的说笑声，焕然一新的黑板报映入眼帘，上面画着五彩缤纷的图案，“我们毕业啦”五个大字十分引人注目。还是那群天真的少年，依旧热衷于追逐打闹，即使摔倒也不会停下脚步。真是令人不舍呀，这个温暖有爱的班集体，这群活力无限的同学们。虽说马上要升入初中了，但彼此还没有真正相处够。

老师一声令下，我们来到操场，摄影师已经等候我们多时了。我幸运地坐在了老师旁边，心里有点小骄傲，笑得更是比路旁的花儿还灿烂。拍摄完合影，我们换上了博士服，跟同学们一样，我也抑制不住内心的激动，从里到外又从上到下，检查了一遍又一遍。摄影师让我们取下头顶的博士帽，摆好准备姿势。只听“3、2、1”，命令发出，大家同时把帽子高高抛起，大喊着：“我们毕业啦！”望着头顶那一顶顶抛得高高的帽子，我不禁想，同学们今后在人生之路上也会同它们一样，飞得又高又远。

回到班级里，下一个环节——演讲开始了。同学们纷纷走向讲台，把心里最想说的话说出来。我默默听着，更增添了内心的不舍。不知不觉，轮到我了。我心中像是蹦进了一只兔子，紧张又激动。我深吸一口气，走上讲台，紧盯着同学们熟悉的脸庞，竟发现自己没那么紧张了。讲完后，一阵掌声把我淹没，我心里暖和极了。

家长代表将大蛋糕缓缓推进教室，蛋糕上立着写有全班同学名字的巧克力牌。老师插上蜡烛，点燃了一个个美好的愿望。同学们一齐吹灭蜡烛，53个心愿便在心底扎了根。

那一次，我真舍不得。亲爱的同学们，你们是否也有跟我一样的感受？

夕阳染红了云朵，终究我们要分开了。一群天真纯洁的少年，他们脸上有着最灿烂的笑容，他们心中有着最美好的梦想，他们只是暂时告别，从未真正分离。

点　评

初一学生写作文，审题往往会栽跟头。匆匆一瞥，觉得把握住了关键，就洋洋洒洒挥笔，殊不知，一不小心就可能偏题、离题。本文是半命题作文，题目是“那一次，我真______”。作者填入“舍不得”，看似简单，其实大有文章可做：“那一次”指的是哪一次的经历？“真”说明内心受震撼程度之深，是否有修饰到位？“舍不得”的原因是什么？表现是什么？最后如何释怀？这些，都要在文中一一道明。很显然，作者以高超的叙事技巧、流畅的表达能力将以上写作思路完美地付诸实践。本文语言虽谈不上摇曳多姿，但平实处有真情，晓畅里显灵动，亦难能可贵。

图源：即梦 AI

14 半命题作文：告别________。

告别花开的童年

/张熹媛/

“扑簌、扑簌”，我常常在寂静而安宁的梦中听见洋槐花开的声音。蓦然醒来，皎洁月光下的叶影摇曳出一缕清香。

洋槐花开了，开在我童年时的故乡。在四月的晴空里，那淡色的细碎而柔软的花瓣盛满了阳光。洋槐树通常生长在北方。故乡家门口的洋槐树是五十多年前一位来自北方的朋友带来的。在过去的五十多年间，小小的洋槐树在奶奶的悉心照顾下长成了大树。每当我跑过家门口时，那棵孤零零的树总是低吟浅唱着，送给我斑驳的阳光与落花。奶奶担心儿时的我淘气，爬树去摘花，总骗我说树上住着一个花仙子，我若是爬了树，它便不再开花。儿时天真可爱的我害怕真如奶奶所说的那样，便每次都满怀敬畏地抬头，望着较低的树枝，诚恳地问："花仙子，我能摘朵花吗？"邻居看见了，便笑道："摘吧，摘吧，花仙子同意了。"

童年时的我不但喜欢摘洋槐花，还喜欢吃洋槐花。每到仲春时节，这棵树上的花开得正旺，我便和奶奶站在门口采洋槐花。洋槐树高大，有刺。奶奶就用布条将镰刀绑在一根棍子上，再拿出一个小木盆来装洋槐花。奶奶扬起钩子，将洋槐树柔软的枝条轻轻削落。我没什么事干，便卷起裤脚往家门口边的小溪里一踏，水波一圈圈地漾开，一直漾到铺满落花的草坪上，水面上顿时漂满了零碎的洋槐花瓣，如一池萍碎。鱼儿禁不住花香的诱惑，竞相在水面上吞吐着花瓣，急得我连忙用手拍出飞溅的水花，大嚷着："不许吃，那是花仙子采给我和奶奶吃的！"

等到奶奶将小木盆装满时，树上依旧繁花累累，好像不曾失去什么。我从水中掬起一捧湿漉漉的花瓣，沿途留下了一条浅浅的水痕。回到屋中，我便从那嫩青色的枝条上拣花。我拿着枝条的一头，用手轻轻一捋，那一朵朵小花便鱼跃似的跳进竹篮中。清洗完这满满一篮的清香，奶奶便将洋槐花放入油锅中清炒，放入少许的盐，喷香四溢。

一家人坐在门口的洋槐树下，和邻里好友分享这道北方独有的美食，回味无穷。有时我偷偷地捡起地上散落的花瓣，忍不住放进嘴里轻咬一口。奶奶看见了，就吓唬我说："吃吧，小心晚上花仙子罚你肚子疼！"

我踏着夕阳而归，洋槐花正烂漫地开在我故乡童年的天际，如同晚霞般灿烂辉煌。清风吹过，落花纷纷扬扬而下，一会儿在空中轻盈地飞扬，一会儿又柔软地蜷伏在草地上。这难道不是花仙子吗？我痴痴地想着。

如今的我已告别花开的童年，远离故乡，来到繁华热闹的都市。但我经常会在某个春天，在洋槐花开的夜里，被洋槐花仙子唤醒。她给我捎来洋槐花开的清香——那属于故乡家门口的香气，还有洋槐花开的故事。

点　评

这是一篇情真意切、颇具文学色彩的优美散文。思乡与恋旧是文学作品永恒的主题，本文将二者完美地融合在一起，一树槐花开便是二者交汇之点，也是本文的线索。作者通过追忆自己儿时摘洋槐花、吃洋槐花的种种经历，寄托了对童年时光的追忆与对故乡浓浓的眷念。篇末，“我”由“告别花开的童年”而想起洋槐花，进一步推高了情感的波澜。更为难得的是，本文感情基调哀而不伤，愁而不怨。如此不偏不倚，情感的张力便有了，文章的格调便高了。

告别老屋

/柳一涵/

“嗒嗒嗒”，是谁在我的心房外面轻轻敲门？是谁？原来是那座留不住的老屋呀……

常说孩童不记事，我却怎么也忘不掉幼时与老屋相伴的时光。岁月流连，群星于苍穹上闪耀，我仿佛又见着了那栋灰墙土瓦的老屋。

“哎哟！”我又一次摔倒在老屋的地板上，眼泪不受控制地流了出来。奶奶听到哭声，着急地从厨房里赶了过来。“哎，你看你，都说了地板滑，慢点走，你看，又摔了吧！”奶奶的话听着不是我想要的安慰，我哭得更急了。奶奶见状，眼睛骨碌碌一转，改口道：“好好好，不怪你，怪这老屋不懂事好不好？”听到了想听的话，我的眼泪立刻就止住了。我站起身来拍拍手，像只斗胜的公鸡一般，环视这座老屋，心想：看吧，奶奶还是偏心我，不懂事的老屋！

虽然老屋时常害我摔倒，但我还是选择原谅它，谁让它能给我带来祝福呢？

“妈妈，妈妈！”我捏着刚掉的牙，满屋子找妈妈。妈妈听到喊声，匆匆赶来，看到我手里的牙时，脸上露出了一丝笑意：“哟，掉牙啦！”我点了点头，正想着要把牙放哪儿时，妈妈牵起我的手，带我来到了老屋外。她指了指我手里的牙，对我说：“快把牙扔到屋顶上，这样能得到好运哦！”“真的吗？”我在心里问道。这时，不知从哪里飘来一片树叶，落在了我的面前。也许是老屋给我的答复吧。于是，当我回溯过往时，我便时时看到这样的场景：夕阳西下，在农村小院里，一个女孩正努力把乳牙扔到老屋屋顶上，因为那里有老屋给的祝福呢！

清风徐徐，又是一日大好光景，老屋也迎来了一位新伙伴——一只小猫。小猫十分活泼，喜欢在老屋的房梁上玩，常常一待就是半天，每每叫它下来吃饭总要花费许多力气。尽管如此，爱猫的我依旧乐此不疲，家中也因此多了些许热闹与欢乐。有时，小猫想上房梁，我不让。它一跃，我一拦；它一怒，我一喜。一家人的笑声在老屋里久久回荡，日子便这样悠悠地过去，老屋似乎也不老了。

可到底，还是世事无常。一次回到老家，却见老屋墙上涂着一个大大的“拆”字。我急忙跑到爷爷跟前，哭着问：“爷爷，老屋为什么要被拆掉？”爷爷摸了摸我的头，说：“屋子跟人一样，老了就不中用了。这是好事，我们要有新房住了，别掉眼泪，快去睡吧。”

夜里，我躺在床上，透过老屋的窗户看着月亮，翻来覆去无法入眠。我心想，老屋也不舍得与我们分别吧？不知道它给我的祝福是否还算数？老屋啊老屋，不知何时能够再见？

点　评

老屋是“我”童年时光的见证者、陪伴者。“我”对童年的回忆是模糊的，唯独对老屋的记忆是清晰的，足见“我”与老屋的感情之深。而在童年时的“我”看来，老屋不只是一处居所，更是一个鲜活的生命，是会“捉弄”“我”、让“我”摔倒的“不懂事的老屋”，是会给“我”祝福的慈爱的老屋，是会与猫同乐、与家人共情的年轻的老屋。所以，当老屋走向它“生命”的终点的时候，留给“我”的，便是无尽的感伤与遗憾。

图源：即梦 AI

15 半命题作文：好想______。

好想回到那里

/余丹/

我是一只浑身雪白的百灵鸟，我好想好想回到那里，回到我深爱的那片森林里。

从前，我与伙伴们在清晨唱着《百鸟之歌》来迎接日出。而我作为歌声最为动听的那一位，自然享有“歌后”的美誉和领唱的特权。一曲结束，伙伴们都夸我唱得好，我心里美滋滋的。随后，我振翅而起，一个滑翔，掠过一根树枝，叼到了一只绿色的毛毛虫。嗯，味道真不错。大约吃了十几只虫子，我的早餐时间结束了。小伙伴们聚集在山头，举行飞行比赛。

伙伴们可真多啊！有我的闺蜜鹦鹉灵灵、朋友麻雀蓝蓝等等。随着号声一响，我们往下俯冲，穿过茂密的树林，经过清澈的小溪，越过一片花田，终于到达了目的地——另一个山头。哎，可惜我才拿了第九名，不过我喜欢飞翔时自由自在的感觉。

一天过得可真快！日暮时分，我哼着小调来到了小溪边，痛痛快快地洗了个澡。晚餐后，我望着黑布般的天空，数着星星，欣赏着夜间森林的美景，不知不觉进入了梦乡。

我原以为生活就是如此美好，但我想错了，灾难终究还是来临了！当我们忙着采集野果的时候，五辆大卡车闯入了这片安静祥和、充满生机的森林。可恶的人们拿着电锯和斧头走向那一棵棵美丽的参天大树。我们想要奋力阻止，但一切的努力都如螳臂当车，无济于事。他们粗鲁地赶走了我的伙伴们，里面就有灵灵和蓝蓝，我很难过，但可恶而野蛮的砍伐工程仍在寂静的森林中继续。

夜幕降临，整个森林里都弥漫着一股木香，侥幸保存性命的伙伴们无家可归，只能连夜逃离，但又能逃到哪里呢？谁愿意离开自己的故乡而迁移到陌生的地方呢？我听见伙伴们互相安慰的声音，有的哭泣着、哀号着、悲鸣着。我深爱的这片森林，已经没剩下多大面积了，一些失去生命的鸟儿孤零零地散落在地上，如同凋零的枯叶。我在悲愤与困意的包围之中，合上了双眼，进入梦乡。

天亮了，我被迫开始了逃亡之旅。后来，我误入陷阱，被装进了一个麻袋，麻袋里还有好几只跟我一样漂亮的鸟儿，我知道自己将彻底告别自由。我深爱的那片森林变成了一个个木桩，曾经充满欢声笑语的天堂消失了，而我将成为人类的玩物，或者一个商品，或者……我不敢想象。还算幸运，我被一户人家买走了，关在笼子里。我的歌喉又派上了用场，但我再也唱不出曾经那么悠扬婉转的歌声了。在这里，我没有伙伴，只有孤独；没有我钟情的野果与毛毛虫，只有满是添加剂的食物，我感到无尽的悲凉。

日子一天一天过去，我的绝望与日俱增。我想重新品尝自由的味道，但我被束缚着，无能为力。好想回到那里——那片森林，我的故乡！

点　评

这是一篇半命题作文，题目是“好想________”。“好”体现愿望之强烈，“想”暗示愿望难以实现。该题目看似简单，其实对于选材立意的要求极高。作者别出心裁，以小见大，从一只百灵鸟的视角来叙述，直面人类的贪婪、人心的险恶，把沉重的环保话题嫁接在轻松灵动的想象基石之上，以鸟儿的美丽与弱小对抗人类粗暴而野蛮的砍伐，制造出巨大的情感落差，增强了无力之感，烘托出浓烈的失去家园之悲，很有艺术感染力。

好想回到家乡

/魏轩浩/

人生一世，草木一秋，来如朝雨，去似微尘。时光匆匆而逝。由于学业繁忙且路程遥远，我已经多年没回老家，即便如此，老家的一草一木在我的脑海中依旧十分清晰。

走进村子，映入眼帘的便是那座山丘。山丘并不算高，但树木郁郁葱葱。小时候我和好朋友玩捉迷藏，就在那里漫山遍野地奔跑，仿佛永远不知疲惫。映衬着这满山绿意的，是那山下无边无垠的麦田。每逢丰收时节，麦田便被染上了耀眼的金黄。一阵微风拂过，它们便随风摇曳。远观麦田，它们如同起伏的波浪，在不停地翻滚。这正应了那个富有诗意的名词——麦浪。农民们在田间辛勤地劳作，空气中饱含着丰收的喜悦。到了夜晚，通常可以看到隐隐约约的光亮，在夜幕里一闪一闪，那是萤火虫正提着灯笼飞行。它们的身影那么轻盈，那么迷人，以至于我时常被它们吸引，在夜晚出行，去寻找那神秘的光亮。

穿过麦田，就来到了小溪旁。溪水潺潺，清澈见底，长年流淌不息。随着时间的流逝，溪水两岸的岩石被打磨得十分光滑。

除了这些，家乡的鹅群也让我难忘。它们成群结队地在乡间小道穿行，大摇大摆，像极了游手好闲的公子哥们。小时候，见了这些鹅，我就忍不住去追赶它们，常常累得精疲力竭，但依旧乐在其中。记得有一次还不小心跌到了泥坑里，摔了一身泥。想到这里，我忍不住笑出了声。

回到老家，最难忘的莫过于熟悉的乡音与浓浓的亲情了。春节临近，挨家挨户都出动，到镇上赶集，选购年货。人们脸上洋溢着对新年的美好憧憬，哪怕是陌生人也都亲切地互相问候着，彼此关心着。镇上大街小巷挂起了各式各样的红彤彤的灯笼。虽然是在下起鹅毛大雪的冬季，但四处弥漫着、氤氲着的这样浓浓的年味，仿佛让人感受不到寒风的刺骨。

到家了，家人们开始忙碌起来，为过年做好准备。我就在一旁帮大人们贴春联，挂灯笼。爷爷奶奶准备好年夜饭，光是听着那油锅中“滋滋”的响声和空气中弥漫的香味，就足以让人垂涎三尺了。咬一口年糕，熟悉的味道瞬间唤醒了我的回忆，让我又回到童年的美好中去。饭后，和家人们一起围在电视机前看春节联欢晚会也是一种惬意的享受。年后，走亲访友不断，无论到哪里，都少不了被一顿夸奖；燃放烟花爆竹更有无尽的乐趣……

家是心灵的港湾，可以安放疲惫的身心。好想回到家乡，但自从上了初中，随着学习科目的增多和难度的提升，我再难抽出时间，只能眼看着家乡离我越来越远。唉，不知何时才能如愿！

点　评

“好想回到家乡”意味着“我”目前回不了家乡，什么原因呢？作者开篇即很有耐心地作了铺垫：“学业繁忙且路程遥远。”“即便如此，老家的一草一木在我的脑海中依旧十分清晰”则体现出“我”对家乡印象之深刻、回乡愿望之强烈，照应了“好想”二字。接着，作者依次从家乡自然环境之美、人情之真与亲情之暖三个角度对家乡投以深情的回眸，一字一句尽含思乡恋乡之情。篇末直抒胸臆，感慨现实的无奈，抒发不得归之愁，再次强化了主题。

图源：即梦 AI

16 话题作文：2024年巴黎奥运会。

我看奥运

/黄心童/

当巴黎奥运会的圣火在法兰西的夜空下熊熊燃烧，全世界的目光都聚焦在这片充满浪漫与激情的土地上。对于中国，这更是一个特殊的时刻，因为我们的奥运健儿们在异国他乡正用汗水和努力，书写着属于中国的荣耀篇章。

乒乓球是我们的“国球”，精彩自然不容错过。

与朝鲜队对决的混双决赛赛场上，王楚钦和孙颖莎的配合堪称天衣无缝。他们身穿鲜艳的中国红运动服，如同燃烧的火焰，照亮了整个赛场。王楚钦的黄色发带在额间闪耀，犹如善战的勇士，散发着不可一世的霸气；而孙颖莎的短发则显得干练，透露出不容置疑的自信。面对实力强劲的朝鲜组合，他们没有丝毫畏惧，以稳健的防守和犀利的进攻逐渐占据了场上的主动权。他们的每一次击球都充满了力量和技巧，无论是正手还是反手，都能打出致命的弧线，让对手防不胜防。最终，他们以绝对的优势战胜了对手。

与此同时，樊振东也在男单赛场上展现出他的霸气和实力。他一路过关斩将，如同一位无敌的战神，将每一个对手斩于马下。最终，他站在了决赛的赛场上。面对同样强大的对手，他毫不畏惧，凭借精湛的技艺和坚韧的毅力夺得了男单金牌。他的夺冠不仅是对个人实力的最好证明，更是中国乒乓球深厚底蕴的又一次展现。

在这场奥运盛宴中，不仅乒乓球赛场上捷报频传，其他项目也同样精彩纷呈。游泳健将潘展乐在水中劈波斩浪，接连刷新世界纪录；跳水选手全红婵、陈芋汐以优美的姿态和标准的动作征服了裁判和观众；羽毛球选手们则展现了他们的速度和技巧，为中国队赢得了一枚又一枚宝贵的奖牌……每一位中国奥运健儿都在用自己的方式诠释着奥林匹克精神，他们的拼搏和付出让中国红在巴黎的赛场上鲜艳夺目。

高光时刻固然激动人心，但夺冠路上挥洒的汗水更让人感动。为了支持郑钦文追逐梦想，她的父亲倾尽所有，为她请来最好的教练，带她远赴西班牙接受训练。经历了艰苦的训练和比赛，郑钦文逐渐成长为技术全面、实力强劲的职业网球选手。她的夺冠之路，是汗水与坚持的见证，更是梦想与信念的胜利。

哪怕落败，又何尝不值得喝彩呢？面对强敌，吴艳妮毫无畏惧，尽管最终未能站上领奖台，但那份拼尽全力的勇气，那份永不言败的坚持，比金牌更加闪耀。即使前路坎坷，也要奋力一搏，因为，败者亦可为荣，拼搏本身就是最美的胜利。

对于运动员来说，奥运是一次体育的竞技；对于我来说，奥运则是一次心灵的洗礼。它让我看到了中国奥运健儿们的坚韧和拼搏，也让我更加深刻地理解了什么是梦想和追求。在未来的日子里，我将继续以奥运健儿为榜样，勇敢追求自己的梦想，书写属于自己的精彩人生。同时，我也期待着中国运动员在未来的比赛中继续创造辉煌，让五星红旗一次次在世界赛场上高高飘扬！

点　评

本文紧扣题目中的“看”字展开：一看中国乒乓球运动员们将该项目的传统优势展现得淋漓尽致；二看其他项目凯歌高奏，捷报频传；三看奥运健儿们夺冠路上的付出与努力；四看失败的意义与价值。“看”只是铺垫，篇末的“悟”才是正题。作者由看奥运领悟出人生要勇敢拼搏的道理，并对运动员们寄托厚望，既升华了主题，也融入了深深的爱国情感。

以梦为马　驰骋赛场

/谢辰烯/

在这个炽热的夏天，巴黎奥运会的圣火熊熊燃烧，照亮了全世界体育健儿的梦想之路，也激荡着无数人的心弦。在赛场上，为追求卓越，实现梦想，中国健儿们尽情展现风采，勇敢追逐梦想，用拼搏、力量与技巧深刻诠释了奥林匹克的精神。请看——

镜头一：他们都不相信你，可偏偏你最争气。

央视主持人朱迅曾言："真正有光的人，压的时间越久，深度越深，绽放的光芒才可以越灿烂。"巴黎奥运会男子10米气手枪冠军谢瑜无疑是这一箴言的生动诠释者。从贵州大山走到巴黎，从无人问津到万众瞩目，从预赛第六名到勇夺第三金，他这一枪，打直了父亲弯着的腰，打破了家徒四壁，更打破了该项目中国尘封16年的金牌榜空白。即使两次落选国家队，即使主项目被取消，即使决赛时家里只有父亲一人在为自己加油，他也毫不气馁。面对所有人的不看好，他却偏偏最争气，最终勇夺桂冠，绽放出了属于自己的璀璨光芒。

镜头二：少年自有少年狂，骄阳万丈长。

中国游泳队刚抵达巴黎时便频遭兴奋剂检查，同时还需面对部分西方国家运动员的傲慢与无礼。面对重重质疑与不公待遇，潘展乐——一个"00后"游泳天才横空出世，凭借绝对的实力，力压群雄，一举夺金。触壁瞬间，纪录打破，所有委屈与不甘顿时烟消云散。从多哈世锦赛到巴黎奥运会，潘展乐不断突破自我，进步速度令人惊叹。他就像“水中博尔特”，靠着心中的那份狂妄和不服气一次次突破自己的极限。“垂柳飞花村路香，酒旗风暖少年狂。”最强战队在男子混合泳接力比赛的强势夺金，打破了美国在这一项目上长达40年的垄断，中国少年狂得“出格”，狂得有底气。

镜头三：少年从不缺从头再来的勇气。

“天将降大任于是人也，必先苦其心志，劳其筋骨。”磨难是成功的垫脚石。孙颖莎深知，想要攀登到巅峰，必须付出比别人更多的努力和汗水。巴黎赛场上虽遗憾摘银，但少年从不缺从头再来的勇气。仅差一枚金牌即可完成大满贯的孙颖莎，此刻固然有太多遗憾，或许努力和结果尚未对等，但她相信，天道酬勤，苦尽必然甘来。让我们为她喝彩并期待她载誉归来吧，她将变得更强大，让所有对手胆寒。

赛场上有太多奋力拼搏的身影：以网球拍为剑，斩破重重迷雾夺得桂冠的郑钦文；抱病上场，咬牙坚持，为国争光的张雨霏；三跳满分，惊艳全场的跳水精灵全红婵……赛场上没有常胜将军，金牌也从来不是唯一目的，那永不放弃的姿态、努力拼搏的意志、坚持到底的决心才是奥林匹克运动熠熠生辉的精神底色。

作为新时代的少年，我们要以奥运健儿为榜样，勇于拼搏，无惧失败，以梦为马，驰骋人生赛场，成就最耀眼的自己。

点　评

本文构思精巧，详略得当。作者仿佛用一幅幅简笔画与一帧帧快速闪过的镜头，为我们勾勒出奥运健儿们矫健的身姿，折射出他们“永不放弃的姿态”“努力拼搏的意志”与“坚持到底的决心”，画面感十足，层次感很强。篇末以赛场喻人生，很好地升华了主旨。

永不落幕

/陈晓媛/

这是一场创意满满的“演出”。

倾盆大雨并未冲刷掉人们半分的热情。塞纳河畔，悠扬的音乐响起，人们随着演员的舞步或挥动国旗，或高声呐喊，纵情欢呼。205 个代表团搭乘 85 艘船只，从奥斯特里茨桥下缓缓驶来。沿岸的建筑与远处的桥梁相映衬，交织错落出一个天然舞台。途中，一座座法国杰出女性代表的镀金雕像自塞纳河边升起，致敬女性力量。红、白、蓝三色的烟火在半空中绽放，巴黎成了欢乐的海洋。

这是一群意气风发的“演员”。

跳起、腾空、翻转，每一个动作都堪称完美。她犹如一颗划破夜空的流星，在空中展现出绝美的身姿，没入水中则无声无息，连一点水花也不曾激起。“水花消失术”再次上演，让世人惊艳。

不用猜你也知道——她，就是全红婵。

自全红婵接受跳水专业训练开始，枯燥乏味与艰苦劳累就成了家常便饭。她每天要把自己固定在器械上旋转，练习翻腾，每天做200到300跳后空翻加上120次的跳水，如果动作失误了，就得重跳。接受采访时，她也无奈地笑笑：“累呀，怎么会不累呢？”话虽如此，但咬牙坚持到最后的还是她。“夺冠的关键在我自己！”铿锵有力的话语不仅是她自信的表态，更是她对自我的勉励。

气势如虹，打法硬朗，神情中焕发着自信无畏的光芒。球场上的她，每一次挥拍都显得干脆有力，弯曲的身体如同绷紧的弓，犀利的眼神仿佛一支蓄势待发的利箭，随时准备给对手致命一击。

这便是孙颖莎——乒乓球界的“小魔王”。她沉稳坚定，厚积薄发，技艺超群。“我胸前可是中国国旗，我必须赢！”她有一颗热辣滚烫的爱国心。

前浪闪耀，后浪更可畏。这届“00后”运动员为青春一词作了最好的注脚。盛李豪和黄雨婷技高一筹，心理素质稳定，首枚金牌被中国队收入囊中；潘展乐一跃而下，如蛟龙入水，打破世界纪录；邓雅文在自由式小轮车女子公园赛中实现了中国运动员在该项目上从无到有的突破……五星红旗每一次冉冉升起，都凝聚了无数个中华儿女的光荣与自豪。

这是一场不分胜负的比赛。

带着登上最高领奖台的梦想，25 岁的骆宗诗来到巴黎。她已经全力以赴，却还是与奖牌失之交臂。但她对自己说，遗憾是最好的强心剂，首次奥运之旅已经结束，下一段旅程依然充满希望。同样虽败犹荣的人还有很多，竞技体育就是如此，没有人会一直赢，也没有人会永远输。强大的不是永远不输，而是永不服输。

这个夏天发生在巴黎的这个“故事”，它永不落幕。它名为“奥运”，但属于我们每一个人——只要你有梦想，并愿意为之拼搏，梦想就会一步步地靠近你，遇见你。

点　评

本文充分展示出作者谋篇布局的创意与用心。“一场创意满满的‘演出’”“一群意气风发的‘演员’”“一场不分胜负的比赛”，作者分别从开幕式、运动员、胜负结果三个角度，对巴黎奥运会进行了解读，条理清晰，详略有别，展露出极佳的谋篇布局的能力。结尾富有人生哲理，文辞优美，令人过目不忘。

17 以“一切显得那么陌生”为开头，写一篇作文。

笔尖之旅

/陈晓媛/

一切显得那么陌生。

落地窗折射出太阳的光芒，窗边的书桌旁坐着一个人。很奇怪，我并不认识她，却莫名地感到熟悉。她正在写着什么，手中的笔在纸上啪嗒啪嗒地跳跃着。

“你是谁？”我犹豫着开了口。

她愣了一下，低头沉思了一会儿，将桌上写满了字的本子塞给我。我翻开本子，不觉瞪大了眼睛。我的身份、姓名、经历过的每一件或大或小的事情，通通记录在上面；或者说，不能叫记录，那引人入胜的情节恰似一篇小说。

“我是你的创造者呀。”她眼角微弯，笑容很明朗，“既然你出来了，那就带你四处走走吧。”她的语调很镇定，也有一丝不易察觉的兴奋。

于是，我被她不由分说地拉出了门外。街上热闹非凡，小吃摊和商铺林立，叫卖声不绝于耳。我时不时地被一些从未见过的东西吸引，而她也会很有耐心地停下来，见我感兴趣便掏钱买上几个。她似乎很兴奋，絮絮叨叨地和我讲了好多。我在她兴致盎然的讲述中逐渐明白了我是谁。

原来，我是她笔下的一个人物。她每天给我安排不同的情节与故事，既使我的性格更加鲜明，也让她的小说更好看。一天，她突发奇想，在小说里写下了我脱离书本与她相遇的情景，于是我就出现在她面前了。

我呆住了。我其实并不喜欢我所经历的一切。日复一日的枯燥生活令我感到厌烦，而猝不及防的变化又会突然吓到我。本来我以为这就是我的生活，现在我意识到，是背后有人在操纵着。

晚上，我们并肩坐在公园的草地上看星星。我看着她，脑海中突然浮现出一个问题：她创造我的目的究竟是什么？仅仅是为了写她的那本小说吗？我忍不住问她。

她显然没有料到我会问这些，一时之间，周围的空气安静得不像话。“为什么问这个？”她轻声问我。

“因为我很好奇你在写那些情节的时候是怎么想的。其实我不喜欢干那些事情，我也不喜欢那些日复一日的循规蹈矩。”我皱眉，“你似乎没考虑过你笔下人物的想法。”

她满怀歉意：“我以为你会喜欢，毕竟……毕竟……”

“毕竟我是你创造出来的，对吗？但实际上我已经脱离了你所写的一切呀！”我环顾四周，微微叹了口气，“我其实挺想做自己的。”

她的神情缓和下来。“既然这样，或许我应该就此停笔了。”她深吸了一口气，“我很抱歉！”

“没关系的。感谢你在我身上倾注了那么多心血！但我希望自己不仅仅是你笔下的人物。”我站起身，向远方走去。

当我再也看不清她的身影时，我知道，我的人生之旅才刚刚开始。

点　评

本文充满离奇的想象。作者似乎在探讨这些永恒的哲学命题：我是谁？我来自哪里？我要到哪里去？有趣的是，这么多玄奥的问题，作者只用了一个小故事似乎就讲清楚了：“我”是被她创造出来的笔下的人物。有一天，她让“我”脱离书本，来到真实的世界里，与她相遇。“我”在倍感意外之余也趁机表达出了真实的想法——“我”希望做自己。在故事的结尾，“我”坚定地走向远方。这更像是一种隐喻，即“我”在精神上已成长为独立的个体，不再依附于某种主导的力量。从这一点来说，本文的思想内涵无疑是相当深刻的。

父爱不陌生

/陈嘉楠/

一切显得那么陌生。

世间万事万物无时无刻不在变化——不一样的人、不一样的事、不一样的物，曾经熟悉的一切如今是如此陌生。

小时候，我总是黏着妈妈，因为她陪伴我的时间最多。我总会在母亲节为她送上精心准备的礼物，送上最美好的祝福。可对于父亲，我却总是不管不顾。

今年的母亲节，我依旧为妈妈送上了礼物。看着妈妈脸上欢喜的神情，我打心底里高兴。当我心满意足地回到房间里时，爸爸过来问我："今天想喝牛奶还是酸奶呀？"我不耐烦地说了句"随便"，便扭头做自己的事了。突然，我想到一个问题：他们都是最关心我的人，为什么我的态度反差却如此之大呢？我想和爸爸道个歉，最后却没能开口。

第二天，我来到学校，提着爸爸为我准备好的午餐盒坐到位置上。同学们都在热烈讨论昨天为妈妈送上了多么精致的礼物。一位同学突然问道："那父亲节你们打算怎么办？"大家霎时沉默了。原来在大家眼里，父亲节也是无关紧要的。回想起昨天发生的事，我慢慢陷入沉思。朝霞在天边徘徊，我的心也在左右摇摆，或许我不应该那样对他。

星星和月亮早已悬挂在天空，照亮我回家的路。我推门而入，爸爸浮夸的声音扑面而来：“我的宝贝到家了哦！”若是平常，我会非常不耐烦地走开，可今天我却觉得他很可爱。我放下书包，回到房间，一时有些不知所措。晚上的作业是一篇作文，我便想写写父亲。爸爸一听我的想法，顿时来劲了，他拿着笔和纸在我身边坐下来，非要给我“出谋划策”。我抬头看着他，发现他的面容与我的印象大相径庭。原本意气风发的他此时脸上全是岁月的痕迹：抬头纹，秃头，因长年陪我学习而布满血丝的眼睛，一切显得那么陌生。我心里泛起一阵酸楚，没想到平日里默默无闻的他竟为我付出了这么多。回想起平日我对他的态度，唉，真是不应该呀！

其实，父亲为我做了太多太多的事。童年的缺席只不过是因为他忙于工作。尽管这样，他仍然一下班就陪伴我。上学后，每天一大早，他就为我做好早餐，等着我起床享用。午餐也是他为我精心备好，让我带到学校，让我吃得更有营养……

或许不是父亲老得太快，而是我走得太快；或许不是父亲未给我爱，而是我未察觉到他给我的爱。因为，父爱从不会迟到，更不会缺席，爱你的人一直都在关心你。

原来，一切都不陌生，父亲一直那么爱我。时间不等人，我暗下决心，今年一定给他过个父亲节。

点评

这是一篇应试作文，题目是以“一切显得那么陌生”为开头并独立成段，写一篇作文，文题自拟。本文有几个亮点：其一，题目有辨识度，既在意料之外，又在情理之中，很耐琢磨；其二，先抑后扬的写法为文章增加了波澜，情节的起伏变化让情感有了蓄势激荡的空间，增强了感染力；其三，父亲节的伏笔设置很巧妙，让本文的收篇不落俗套；其四，情感真挚，没有假话、大话、空话，有的只是真人、真事、真情。这样真诚的文字惹人喜爱。希望同学们多写这样的文字，拒绝浮华，摒弃虚假。

图源：即梦 AI

18 寓言和童话。

《赫耳墨斯和雕像者》续写

/阮芷煜/

听到雕像者的话，赫耳墨斯生气极了。他身为神使，又是商人的庇护神，却这么不受商人待见！他越想越气：“你在开玩笑吗？白送？这么不尊重赫耳墨斯？”语毕，赫耳墨斯怒气冲冲地摔门而去。

赫耳墨斯一连跑了好几家雕像店，里面要么不卖赫耳墨斯的雕像，要么赠送。这可让赫耳墨斯气得不行，他怒发冲冠，生气地回到了天上。

“呼……呼……气死我了！我身为商人的庇护神，却不受商人待见，不把我放在最高位就算了，竟然完全不把我放在眼里！”他自言自语，在房间里走来走去。突然，他想到一个办法：既然他们不尊重我，那我也不尊重他们！赫耳墨斯下了一个魔咒，让商人的生意都不好做。

下完魔咒没多久，赫拉就来找他了："你干了什么好事？瞧瞧！"赫拉手指一动，幻化出一面镜子，上面显现出人间凄凉的景色：因生意难做，绝大部分的商人承担不起养家糊口的责任，导致妻离子散，无数家庭破碎；最可怕的是，国家经济崩溃，国库空虚，连最富有的皇帝都要勒紧裤腰带过日子了！

镜子里到处是人们饿死、冻死、病死的惨象。

"这不是我的本意……我没……没想到会这样……"赫耳墨斯十分悲痛、自责，后悔自己的所作所为。

"神要与人共存相依。你尊重他人，他人就会尊重你。你要懂得这个道理。"赫拉轻声说道。赫耳墨斯终于明白为什么赫拉的雕像最贵了。

赫耳墨斯收回了他的魔咒，人们又重新过上了幸福的生活。

有一天，赫耳墨斯又化作凡人，来到那个雕像者的店里。

"赫耳墨斯的雕像值多少钱？"

"三个银元。"

点　评

读完本文，我不禁惊叹于作者丰富的想象力：怒气冲冲的赫耳墨斯决定要让人间所有的商人为他们不懂得尊重自己而付出代价。毒咒之下，人间哀鸿一片，饿殍遍野。赫拉出场了，点醒赫耳墨斯，赫耳墨斯收回魔咒，最终赢回了商人们对他的尊重。篇末赫耳墨斯的旧地重游乃神来之笔，既为故事安排了圆满的大结局，也在今昔对比中深化了主题：只有尊重他人，才能得到他人的尊重。

《皇帝的新装》续写

/吴恒予/

自从那次游行之后，皇帝就一直待在皇宫中不再出行。小男孩的那一句话——“可是他什么衣服也没有穿啊”始终萦绕在他耳边。

一方面，小男孩说的话确实是围观百姓所认同的；另一方面，皇室成员、朝堂官员们却都认为这件衣服是真实存在的，并夸奖过它的华美。如此一来，就连皇帝也不知该怎么处置那两个织工了。

一位忠厚而富有智慧的老大臣走到皇帝面前，在皇帝耳边低声轻语了几句。皇帝听后连声称好。

第二天，两个骗子就接到一封密旨：皇帝命两人即刻进宫。他们还天真地以为愚蠢的皇帝又有新的赏赐，于是欣然动身前往。

等他们一进大殿，士兵就关上了门。老大臣把他们传唤到面前，作势把那件“新衣”放在桌子上，郑重地说：

"陛下很中意你们织的衣服，准备将它编进《宫廷服饰考》中。请你们把它上面的花样和织造的工艺写出来，以便让宫里的织工和后人学习。"

说完，两个骗子被分别安置到了不同的房间。

两个骗子先是窃喜，但听到要把他们分在不同房间，都感到一阵惊慌——他们可没有预先商量，这件"衣服"的颜色和图案他们也不知道，更无法知道。

怎么办？瞎写吧！

一个骗子是这样写的：整件衣服是大红颜色，绣着凤凰神鸟的图案，牡丹花纹映衬，色彩明丽，主要运用了缂丝工艺。而另一个骗子的描述却大相径庭：衣服是金色的，上有一飞龙盘旋，祥云瑞霭环绕，有飞黄腾达、长生不老之意，主要运用了双面绣工艺。

自此，两个骗子的小把戏被揭穿。

皇帝大怒，不仅把他们贬为奴隶，还让他们去遥远的山里劳作。

点　评

在《皇帝的新装》原文中，皇帝是愚蠢虚伪、自欺欺人的；在本文中，皇帝是知错能改、虚心纳谏的。原文中的大臣貌似忠厚可靠，实则糊涂透顶；本文中的大臣则忠心耿耿、聪明睿智。作者通过精心安排，巧妙设置老大臣献计，进而揭穿骗子把戏这一场景，让原作中的皇帝与大臣摇身一变成为正面形象，也为《皇帝的新装》这一幕荒诞的喜剧补上一个圆满的结局，显示出作者非凡的创造力。

《惊弓之鸟》改写

/赵云飞/

一日，魏国射箭能手更羸与魏王于高台上谈论射箭技巧。更羸抬头见天空上有一只鸟儿正在缓缓飞行，用力地扇动着翅膀。更羸对魏王说：“臣之技鄙，自不值得称道，然愿为大王献上空弦击鸟的本领。”魏王点头，微笑着问道：“汝真可为之耶？”更羸微笑以应：“回大王，大丈夫一言既出，驷马难追！”魏王许之。

只见更羸引弓蓄势，发矢而射之。“噔——”，弦回弹如故，而高飞之鸟挣扎几许，便悄然而落。

“善！”魏王大喜，拊掌而笑：“先生何以为之？”更羸对曰：“回大王，鸟徐飞，悲鸣，乃身有伤矣。弦声以攻其心，促其惊而创口崩裂，故落而亡矣。”

少顷，侍卫禀曰：“得坠鸟，身有伤而创口崩裂。”

魏王复笑，以为神技。

“寡人闻先生善射，请先生以箭试之。”箭矢既陈于更羸前。

更羸执矢而引弓，值雁自东来，速疾甚。“咻——”，箭破空而去，众臣凛然。箭坠而雁飞如故。或曰：“偏矣！”

更羸复请射之。魏王允。复执矢，弯弓。

箭仍坠，雁已远。或曰：“偏矣！”遂不中。众臣哗然。

更羸欲再试之，魏王止之，曰：“先生深谙事理，唯恐操之过少，可知实践难矣！”

更羸惭而退。

点　评

既是神射手，更羸本应百发百中，但本文中的更羸却是空有运筹帷幄之能，而缺乏实践操作之技的徒有虚名之辈，故射雁而“雁飞如故”，以至于“众臣哗然”，为魏王所不屑。本文亮点显而易见。妙在以文言文改编寓言，且翻出新意。不但角度新颖，而且展露出初一学生难得一见的古文运用能力。

《蚊子和狮子》改写

/范宁捷/

蚊子飞到狮子面前，向它挑衅道：“我不怕你，你并不比我强。若说不是这样，你到底有什么力量呢？是用爪子抓，牙齿咬吗？女人同男人打架，也会这么干。你要是愿意，我们来较量较量吧！”蚊子吹着喇叭向狮子冲去。狮子愤怒地拍出一掌，却落了个空。

蚊子灵巧的飞行姿势给了它极大的优势。 它游离于狮子的爪子之间，躲过了狮子一次次致命的攻击。 蚊子专咬狮子鼻子周围没有毛的地方。 狮子又痒又痛，气不打一处来，却无法阻止蚊子的进攻。

鏖战多时，狮子观察到蚊子虽身形灵活，但上下移动时动作略显僵硬缓慢。 于是，狮子静待时机，并故意露出破绽，诱使蚊子大胆进攻。 蚊子洋洋得意，上下翻飞，想飞至狮子额头进行更进一步的挑衅。 可不料，狮子突然两掌夹击，若肉夹馍般，左右截断蚊子去路。 蚊子瞬间毙命。

狮子一声冷笑，拂去掌上的血迹，若无其事地走向远处。 在那里，还有比蚊子强大千百倍的敌人等着它。

这个故事适用于那些自以为是耍小聪明实则不堪一击的人。

点　评

作为改写，本文既有沿袭也有创新，篇幅短小却亮点十足。一是延续了原作的语言风格、写作手法、部分的情节设置，做足了铺垫的功夫。本文语言简洁，借生动的语言、动作、心理描写等刻画蚊子和狮子的性格特点，故事的起因与经过也基本按读者熟知的套路展开，便于读者理解。二是翻出新意，给人以“柳暗花明又一村”的阅读新体验。原作结局是蚊子赢了狮子，本文以狮子胜利而告终。

尤为宝贵的是，作者要讲的不是一个简单的斗智故事。狮子虽然最终赢了难缠的蚊子，但蚊子充其量只是一个不值一提的对手，所以狮子只是“一声冷笑，拂去掌上的血迹，若无其事地走向远处”，因为“在那里，还有比蚊子强大千百倍的敌人等着它”。很显然，蚊子是不自量力的，狮子是胸怀大志的。两相对比，开篇蚊子胸有成竹的战斗宣言便更显得可笑与荒诞了，本文的主旨也得到了更有力的体现：讽刺了那些“自以为是耍小聪明实则不堪一击的人”。

谁杀死了知更鸟

/王筱优/

安静的夜晚，知更鸟无声地死去。

谁杀死了知更鸟？

“凶手就在你们当中！ 凶手就在你们当中！”猫头鹰法官拍打着翅膀，高声叫道。

鸟儿们面面相觑，鸦雀无声。

知更鸟的母亲率先站了出来。

“不是我。”母亲说，“它是我的孩子，我最爱它，又怎么会伤害它？”

“不是我。”麻雀附和道，“我什么都没做，我只是同夜莺说了它的秘密，这有什么错？”

“不是我！”夜莺尖叫道，“这跟我一点儿关系也没有！我不过是当面告诫它别再做梦了！”

“不是我。”黄鹂不安道，“我什么也没有做，我只是让一些朋友离它远些罢了。”

“不是我！”杜鹃辩解道，“我只是找了几个朋友一同与它开了个玩笑，打了它几下罢了。”

“不是我。”鹦鹉平静地说道，“我只是不小心碰了它一下，它就从树上摔了下去。”

谁取走了它的尸骨？

“是我。”麻雀说，“我取走了它坚硬的喙。”

“是我。”夜莺说，“我取走了它明亮的双眼。”

“是我。”黄鹂说，“我取走了它滚烫的鲜血。”

“是我。”杜鹃说，“我取走了它美丽的双翅。”

“是我。”鹦鹉说，“我取走了它洁白的骨头。”

“是我。”知更鸟的母亲说，“我取走了它的羽毛，好给尚小的幼鸟织一件衣服。”

“是吗？”猫头鹰法官说，“根本没有凶手，知更鸟的死不过是一场普通的意外。”

鸟儿们赞同地点了点头，大家都没有意见。

天亮了，又是新的一天，鸟儿们四散飞去。

谁会成为下一只知更鸟？

点　评

看到题目，我们容易联想到英国一首同名童谣，以及美国女作家哈珀·李的小说《杀死一只知更鸟》。尽管本文中动物们取走知更鸟身上各个器官的情节与英国同名童谣中的描述相似，但从宏观角度而言，本文无疑是与众不同的，我们可以把这篇短文当作是一篇极具反讽意味的社会寓言。透过文中动物们简单的对话，我们可以轻易抵达这个社会中最令人不安的那个角落——每个人都在群体意识的支配下不知不觉地扮演着施暴者的角色。而更大的问题在于，当他们施暴的动机正当到连审判者（猫头鹰法官）都无法提出抗辩的时候，施暴便具有了合法性。于是，倒霉的似乎就只是那只知更鸟了。本文语言冷峻，寓意深刻，具有强大的警醒力量。

下　卷

错过

/徐璟芃/

“大块头”相机已经陈旧笨拙，青瓷棋罐中的黑白子也黯淡了。属于爷爷的卧室空空落落，只有那一抹夕阳钻进米色窗帘，斜斜地射在我的脸上，似抓不住的白驹悄悄溜过我的手指。陪我把木床板坐得吱嘎响的爷爷不在了，我错过了他的最后一面……

忆幼时，爷爷便教我下围棋。高高的檀木厚棋盘，晶莹温润的瓷棋罐，观棋不语的君子气度……围棋世界的林林总总令我好奇。爷爷有本泛黄的棋谱，书页被折了又折，一行行红笔小楷犹如群蚁排衙，记录着爷爷的独门秘诀。有时，我会捧起它，煞有介事地翻阅。天元星位、弃子争先……这些知识宛若一把把金钥匙，为我打开围棋兴趣的大门。可以说，爷爷就是我的围棋启蒙老师。他好似一座灯塔，指引我在围棋之海中破浪远航。耳濡目染之下，我在围棋路上越冲越前，越钻越深。星光不负赶路人，如今我终于考上围棋五段，这是我的目标，也是爷爷的夙愿。我做到了！可是爷爷已仙逝。父亲总是叹息：“要是爷爷看到你考上五段，那该多开心！”是啊，爷爷该多开心！只可惜他没能看到这一幕，还是错过了……

想当初，爷爷喜欢旅游，四处游山玩水。奶奶常打趣道：“你爷爷真是当代徐霞客啊！”自从有了我这个小孙子，爷爷的旅行便有了伴，哦，还有那台“大块头”相机。我们踏过一块块石头垒成的桥，湍急的水流在桥的缝隙中横冲直撞，激起万千调皮的水花，奶奶的淡蓝色长裙都沾湿了；我们爬上一座座高耸入云的峰峦，爷爷奶奶拄着登山杖互相打气，我蹦蹦跳跳冲向最高点；我们来到一处处悠闲静谧的古城小镇或江南水乡，清澈见底的湖水倒映着蓝天，翘瓦白墙衬着青苔遍布的石岗与小径，村民们热情好客、朴实良善，酷暑有冰镇大西瓜清凉心田，严冬有红枣银耳汤温暖胃肠，穿梭于油菜花海，踮起脚拔下丝瓜，依江吃烧烤，感受“星垂平野阔，月涌大江流”的超脱意境……爷爷的相机是忠实的记录者，记录我成长之路上的点点滴滴。可惜，他再也看不到相机里的我已蜕去了孩童的稚嫩，迸发出少年的锐气。唉，终究还是错过了……

爷爷是位机械工程师，小时候他经常做小手工逗我开心。现在我可以自己动手制作模型了，他却无法在身边指导我。爷爷精通数学，父亲的数学爱好便是他一手培养起来的，他经常开玩笑说要让我“青出于蓝而胜于蓝”。以前我犯错误，父亲挥起竹鞭要教训我时，爷爷总是挺身而出保护我……太多太多的琐事值得追忆，太多太多的美好永远地留在了往昔。

年年岁岁花相似，岁岁年年人不同。回忆难以言说，汇成两行清泪。斩不断忧愁，道不尽思念。爷爷，我想您了！

点 评

何谓“错过”？错过不是简单的失去，而是与成功失之交臂，与美好擦肩而过。错过，不仅是一种时空上的错位，更是一种心理上的落差，是认知发生转变的一次契机。只有理解到这一层，作文才能写得精准，写得深刻。本文以倒叙的写作顺序开篇，借环境描写渲染气氛，为全文定下哀伤的感情基调。接着，详写爷爷教“我”下围棋以及用旧相机记录“我”成长的点点滴滴等两件事，略写爷爷做小手工逗“我”开心等三件事，引出“我”与爷爷永远错过的遗憾，表达对爷爷的思念之情。全文不但结构井然，而且饱含深情，文笔细腻，富有文采。

备

/王诗涵/

初次看到神舟十五号航天员的照片时，我瞬间被他吸引了：不算年轻的脸颊上有些细长的皱纹，一头乌丝中隐藏着些许白发，而阅过世间百态的眼中是掩盖不住的光亮，更多的还有对未来美好的期许。我记住了他的名字：邓清明——那个一直出现在备份名单中的名字。

2022年，这位56岁的老将终于在太空留下了他的身影。

你或许不知道他是谁，甚至从来没有听过他的名字，但你一定知道他的战友：首位进入太空的中国航天员杨利伟与三次飞天的聂海胜。他，是首批中国航天员中唯一一位仍在现役却没有执行过飞天任务的航天员。

一次次与任务失之交臂，一次次与飞天擦肩而过，一晃眼便是24年。曾经风华正茂，怀着满腔的热血想报效祖国，如今已成为外公，得知自己依旧是备份航天员，他的内心里更多的是坦然。

神舟十一号发射是邓清明离梦想最近的一次，但也是最遗憾的一次。在考核中，他与队友陈冬要在密闭的训练舱中待上33天，模拟神舟十一号在轨飞行任务的生活状态，其中还包括72小时的睡眠剥夺训练。最终，他们出色地完成了任务。航天员考核成绩的差距往往在毫厘之间，最后执行神舟十一号任务的人选是景海鹏和陈冬，邓清明再一次成为备份航天员。

通向梦想的路上永远都是布满荆棘的，邓清明伤心过，但他从来没有放弃过。飞船升空时，他拿着笔记本，与工程师一起记录飞船的各项数据。他这样告诫自己：我虽是备份，但只有当航天员们顺利出征后，我的任务才算完成。他从不会因为自己的年纪越来越大而降低对自己的训练要求。当邓清明得知与自己同时期的五名战友停航停训时，他对自己的存在产生了怀疑，但战友的话很快就让他清醒：“老邓，不管是主份还是备份，都是航天员的本分！你要继续努力，不要放弃。”他时刻勉励自己，不让自己在心情的低谷徘徊，因为他知道，他的梦想在高处。

抬头是星空，低头是梦想。努力终是有回报的。终于，邓清明成为执行神舟十五号任务的航天员之一。接受采访时，他的言语里尽是抑制不住的激动，24 年的默默付出汇聚成了通往梦想的康庄大道。

他的名字不再是备份。

这正印证了他的话：“我可以用一生去默默准备，但绝不允许当任务来临时，我却没准备好。”

功成不必在我，但功成必定有我。正因为有千万个如邓清明一样不计个人名利、坚守本分、心怀大爱为家国的无名英雄，才有了我们国家今日的和平昌盛。愿我辈少年学习前辈之精神，担时代之责，为祖国更美好的明天而奋斗！

点 评

本文运用倒叙，由外貌描写切入，开篇设疑，引发读者阅读兴趣：既然是神舟十五号航天员，为何“一直出现在备份名单中”？紧接着，作者为读者详细介绍了主人公的经历，解开了读者心头的疑惑。文章收尾处“他的名字不再是备份”一句与开篇呼应，既为关于邓清明的故事讲述画上句号，也开启“我”对人生该如何选择的思考。此外，本文的高明之处还在于作者巧妙地赋予了“备”字以双层含义：一指邓清明的身份——备份航天员，二指邓清明坚守本分、时刻准备的精神与态度，极大地增强了本文的故事性，丰富了本文的精神内涵。总的来看，本文有新颖的选材与开阔的立意奠定基础，有翔实的事例作为支撑，有娴熟的叙事技巧保驾护航，有恰到好处的议论锦上添花，各方面都堪称精美。

被温暖照亮

/阮芷煜/

春日的暖阳将轻纱似的阳光洒满这个世界。那刚刚冒出头的嫩草，那刚刚长出的花苞，那枝头上刚刚萌发的绿叶，无不被这温暖包围着。我也一样，在这珍贵的人间，被温暖照亮。

亲情是温暖的。

我是外婆一手带大的。小时候，我很喜欢吃外婆包的扁肉。下锅蒸煮之后，热气腾腾的扁肉点缀着葱花，被外婆端到我的面前。尝一口，阵阵温暖流淌全身，别提多幸福了！我情不自禁地夸赞外婆的手艺，外婆总是高兴得合不拢嘴。

后来，外婆回老家住了，扁肉也没人包了，于是我开始怀念外婆的扁肉，怀念那份温暖。

今年过年，外婆终于来福州了。她知道我爱吃扁肉，便笑着说要让我重温儿时美味，我一听就垂涎三尺。妈妈采购来食材，一切准备妥当，我再次好奇地观察着外婆包扁肉的手法。一束温暖的阳光从窗户外透进来，照在外婆那满是岁月痕迹的脸颊上，在那些深深浅浅的皱纹里，藏进了多少外婆对家人的爱啊！或许，外婆包的扁肉之所以这么美味，是因为里面装满了亲情的味道。因为亲情，我们都被温暖照亮着。

友谊也是温暖的。

我和她是好朋友，从小便喜欢一起学习，一起玩耍，相互陪伴，共同进步。

那天，她热情地邀请我一起练习自行车。冬日凛冽的寒风“呼呼”地刮过脸颊，但她毫不在意，一门心思教我如何骑自行车。“先把手放在车头上，找到平衡感才能控制方向。对，就这样。”她亲切的声音在我的耳畔萦绕，“然后把脚踩在踏板上。别怕，慢一点……”我壮着胆子，缓慢向前骑行。我无法控制平衡，车头左右摇晃得厉害，但她每次都小心翼翼地搀扶着，保证我不会摔倒。渐渐地，我的车技有所长进，哪怕没有她的帮助，平稳向前骑行对我来说也不是难事了。我甚至可以边骑边扭头向后看。那时，她站在阳光下，金灿灿的阳光把她笼罩住，原本乌黑亮丽的头发在阳光的洗涤下成了美丽温暖的橙黄色。她为我鼓掌，毫不吝啬赞美之词。我的心里温暖极了。不只因为我学会了骑自行车，更因为有了她这样知心的朋友。

其实，这世间照亮我们的何止是亲情、友谊。一轮朝阳升起，一束鲜花绽放，一句轻声的问候，一个善意的举动……温暖无处不在，只要我们用心去体会就能得到；假如我们多释放温暖，我们也能感受到更多的温暖。

温暖是心灵在阳光下的沐浴，是生命在岁月中的沉淀。温暖照亮了我，我也将用温暖去照亮更多的人。

点　评

什么是"温暖"？"温暖"的深层含义就是爱、感动、幸福等等；"被照亮"即强调接受、感知"温暖"的过程。本文紧扣题意，详写两种温暖：亲情的温暖与友谊的温暖。通过描述外婆为"我"包扁肉、好朋友教"我"骑自行车两件事，表达对外婆的感激之情与对友谊的珍惜之意。难得之处有二：其一，篇末略写世间无处不在的其他温暖，详略结合，避免了以偏概全之嫌，丰富了文章内容；其二，收篇由"我""被温暖照亮"升华至"我也将用温暖去照亮更多的人"，使得本文意境悠远，回味绵长。

沉潜

/罗琳琅/

《菜根谭》有云："伏久者飞必高，开先者谢独早。"做人要学会沉潜。何谓"沉潜"？集中精神，积蓄力量，以待奋力而起。企鹅在海中向下沉潜，最终如离弦之箭蹿出水面，画出一道完美的弧线；种子在黑暗中沉睡，只待春雨滋润、春风唤醒便破土而出。这些，便是沉潜。沉潜是一种态度、一种精神，更是一种人生智慧。

沉潜是一种摒弃浮躁、坚守初心的态度。"非宁静无以致远。"宁静之人在喧嚣扰攘的尘世间默默沉潜，坚守自我。陶渊明不为五斗米折腰，淡泊名利，沉潜于山水田园之中，种豆南山，采菊东篱，收获内心深处的闲适安然。文物修复师王津沉潜在故宫文物修复的老平房里，不为外物所扰，四十年如一日地坚守，让古老的文物焕发崭新光彩。歌手李健不为名利所累，不紧不慢地读书、旅行、创作，静水流深般沉潜，坚守音乐的纯粹。他们在沉潜中坚定自我，在宁静中充实心灵，让人生在沉潜中恬淡悠然。

沉潜是一种坚强不屈、积极向上的精神。即使遭遇挫折，坚强之人也会在沉潜中调整心态、乐观进取。廖智没有因失去双腿而颓唐，而是为了热爱勇敢地重新出发，沉潜在舞蹈训练室里，最终重新登上舞台，成为“最美舞者”；江梦南没有因双耳失聪而沮丧，而是沉潜在无声的世界里刻苦学习，最终圆梦清华；董丽娜没有因双目失明而消沉，而是在沉潜中挣脱桎梏，奋力拼搏，成为全国首位视障播音硕士，播报出自己人生的精彩。她们在逆境中沉潜，积极勇敢地面对挫折，以昂扬姿态谱写壮丽的人生之歌，让人生在沉潜中熠熠生辉。

沉潜是一种积蓄能量、厚积薄发的智慧。“不积跬步，无以至千里；不积小流，无以成江海。”人生日复一日的沉淀，终将换来一鸣惊人，有所成就。诗人白居易沉潜蓄势，刻苦学习，以致“口舌成疮，手肘成胝”，笔下绝妙诗句终流传千古；德摩斯梯尼为成演说家深居简出，潜心训练，含石发声，终成为举世公认的著名演说家。反观才子江淹年少时出口成章，却安于现状，不为将来积蓄能量，在短暂的辉煌后便悄然无声，让世人感叹“江郎才尽”。若不能坚持不懈地沉潜蓄势，即使天赋异禀又如何能够长久？只有久久为功，脚踏实地，不驰于空想，不骛于虚名，才能厚积薄发，让人生在沉潜中行稳致远。

尼采曾说：“谁终将声震人间，必长久深自缄默。”然而，在当今社会，有人因心浮气躁而迷失初心，不愿静心沉潜；有人因遭遇挫折而一蹶不振，无法在逆境中沉潜；有人因贪图享受而不思进取，不愿锲而不舍地沉潜蓄势……如此，怎能让人生出彩？

梦想从来都不是一蹴而就的，唯有沉潜，才是成功之道。

点　评

作为议论文，本文无疑相当精彩。开篇，作者以《菜根谭》中的句子引入，直截了当地亮出观点“做人要学会沉潜”。接着对“沉潜”二字进行解释，并将之形象地比喻为企鹅在海中蓄势、种子在土里沉睡，给人以直观的感受。“沉潜是一种态度、一种精神，更是一种人生智慧”一句既引出下文，也是对三个分论点的高度概括。主体部分，作者撷取充分的事例，并运用道理论证、对比论证等多种论证方法，对人生为何要沉潜这一命题进行深入剖析，逻辑缜密，章法整饬。篇末，先以尼采诗句强调沉潜的必要性，再结合当下，从反面道出不沉潜的危害，从而自然而然地收束全文：“梦想从来都不是一蹴而就的，唯有沉潜，才是成功之道。”总的来说，本文充分体现出作者高超的辩证思考能力、扎实的素材积累功底以及过硬的文字表达技巧。而这三点，恰恰是初中生能否写好议论文的关键。

当好自己故事的主角

/潘芷晴/

每个人都是自己人生故事的主角，命运掌握在自己的手中。过于在意他人的看法，一味迎合他人的喜好，只会迷失自我，最终一事无成。

小学时，我的牙不整齐，有一次甚至被别人说笑起来很丑，不要在他面前笑。听了这话，我其实并不是很生气，但是一想到妈妈也说我的牙不好看，我心里便有些难过，于是便向妈妈提出戴牙套的请求。

后来，我戴上了牙套，成了别人口中的“钢牙妹”。妈妈也因此打趣我：“钢牙妹，你以后还敢不敢张嘴笑啊？”身边很多同学也都有戴，他们平日说话时，嘴都不敢张大，也从不放声大笑。可是我偏不！我对自己说：“我不在意别人的看法，我就要笑，肆意地笑！”从那以后，我照常说话，照常大笑。我知道有的人向我投来异样的眼光，但那又如何？这是我的人生，属于我自己的故事，我是主角！

我也会因个子矮而自卑。从小到大说我矮的人比比皆是，我也因此苦恼过。又一次被别人嘲笑后，我找妈妈诉苦：“妈，我老是被人说矮，怎么办啊？”“没事！个子矮也有个子矮的好处。你看，你的动作不是比高的人灵活吗？

你的体育在班上可是数一数二的呀！ 再说了，天塌下来，也是高个子先顶着，我们不用过多在意他人的看法。”听了妈妈鼓励的话，我的心情好了许多。 虽然我知道妈妈只是在安慰我，但体育好确实是我的优点，而且我知道每个人都有自己的审美标准，难道所有人都以高为美吗？ 再说了，高矮其实不过是视觉上的一种概念，古往今来多少风流人物都身高平平，又何妨他们青史留名？ 只要我自己挺直腰杆，站稳身子，我就不矮！ 后来，再碰到取笑我矮的人，我根本不理会他们，他们见找不到乐子，便也不再说我了。

其实做任何事都是如此，心中只装着他人的看法，做什么事都想着要满足别人的要求，这样的人不是为自己而活，这样的人生与虚度光阴无异。

肖复兴说：“在露珠和珍珠面前，我们容易选择珍珠；在草萤和火焰面前，我们容易倾向火焰。 但是，露珠非珠，却自有一番难得的湿润；草萤非火，却自有一番独有的光亮。”是的，露珠和草萤并不像珍珠和火焰一般引人注目，正如我们大多数人，平凡、普通，有各种各样的缺点与不足。 但每一滴露珠、每一只草萤都是独一无二的，只要它们自己乐意，哪怕只有一丝湿润、一点光亮，也可以当好自己故事的主角。

点　评

每个人都在演绎着自己的人生故事，有的人是自己故事的主角，无论欢笑与哭泣、成功与失败，都为自己负责，每一天都过得踏实、自信；有的人则沦为自己故事的配角，活在已经被预设的人生轨道里，在别人评价自己的眼光里小心度日，在他人苛求的言语中失去本心。本文探讨的就是这样的问题：我们该如何走自己的人生道路？作者告诉我们：一个人可以很“平凡、普通、有各种各样的缺点与不足”，但同时，也是“独一无二的”。走自己的路，“当好自己故事的主角”，这样的人生才不算“虚度光阴”，才是有意义的人生。

当我变成一匹马

/李佳宁/

一觉醒来，我变成了一匹马。

是的，你没有听错，我变成了一匹站在破旧的马厩里吃草的马。天刚蒙蒙亮，周围的房屋不是我熟悉的样子。很快，我发现了一个穿着朴素的人握着马鞭向我走来。随着一声清脆的挥鞭声，“啪”——我只感觉后背一阵刺痛。“走咯，出发。”他拉着我走出马厩，走上一条小路。他边走边唠叨：“家里只剩你了，一定要卖个好价钱。”我似乎猜到了什么。

赶路的时间总是漫长，太阳渐渐爬上天空。到了集市，已是中午，人已经不多了。“实在卖不出去，就卖去肉店吧。”我听见他在自言自语。什么？肉店！唉，看来今天在劫难逃了，马生多么短暂！

正当我心如死灰之时，一个声音响起：“这匹马要几两银子？”只见一位少年立于一旁。他眉目清秀，正打量着我，眼里满是中意的神色。主人的眼睛一下子亮了。

最终，这位少年成了我的新主人。他拉着我走过集市各处，买齐了鞍鞯、辔头和长鞭。接着，他牵着我回到了家中。

“木兰你回来啦。都准备好了？”一个老妪关切地问道。“娘，时间不等人，我要走了，替我跟阿爹说一声。”主人说完，拿起简易行李，飞身跨上我的背，离开了家。

原来，我这位主人是要从军的男丁。

我们来到兵营，与队伍会合后向北前进。我注意到，这一队人马中有不少都是年迈的老人和年幼的男孩，像主人这样风华正茂的只有零星几个。“你也觉得奇怪吧？其实，本来是我的父亲要从军的，但他年纪大了，我的弟弟又太小，只能由我来了。”主人仿佛看穿了我的心事，对我轻声地说。原来我的主人还是个大孝子！

很快，我们就上了战场。敌人如潮水一般，一浪接着一浪向我们涌来，杀声震天响。我害怕了。可是主人用力抽打我的背。“不能退！”他喊道。我心一横，冲上前……

战争果真残酷，每天都有士兵阵亡，到处是压抑到令人窒息的气息。冰冷刺骨的夜色里传来单调的打更的声音，月亮挂在天上，还是那样明亮……

不知过了多少年，前方终于传来捷报，我们胜利了！

主人立下了赫赫战功，他拒绝了天子的赏赐，只求能回到家乡与家人团聚。我们兴高采烈地踏上归途。终于回到了家乡，主人的爹娘相互搀扶着来到城外迎接我们。回到家，主人把我拴在院子里，转身进屋。

过了不久，一位美丽的姑娘向我走来。这是谁？我歪歪脑袋。她走到我跟前，用手抚摸着我的鬃毛。“你不认识我了吗？我是木兰呀……”天哪，我的主人竟然是位姑娘！

原来，主人不仅替父从军，更是巾帼英雄！我心里不禁对她生出无限的敬意。这么多年，能够与主人出生入死、驰骋沙场，我何其有幸！

这次穿越时空的变身之旅，太值了！

点　评

这是一篇角度新颖、引人入胜、叙事生动的想象作文。选材脱胎于脍炙人口的木兰替父从军的民间故事。作者巧妙地转换叙事角度，从马的视角来看木兰从军这一英雄事迹，以其亲历、亲闻、亲见，使故事更具真实性，人物形象也更鲜活可感。我觉得，本文给我们最大的启示不是如何巧妙地讲好一个故事，搭建起有条不紊的叙事框架，而是作为一个写作者，我们永远不能失去想象的能力与创造的勇气，不要让自己思维的触角局限在一个固定的范围内，延续一成不变的写作套路，满足于完成一件标准化的文字“产品”。缺乏想象力与创造力的作文是无趣的，这样的写作也是堪忧的，因为它反映出写作者思考力的匮乏与对文字运用的不自信。

恶魔与天使

/吴语桐/

你来了。

2017年4月1日13时30分，你来了。当奶奶告诉我这个消息时，我甚至没有多余的反应，只是随便应答了一声，就去做自己的事了。晚上，我和奶奶一起去看你。病房里有很多人，我本就不爱热闹，只胡乱扫了一眼，看见了一个皱巴巴的脑袋后就离开了。

又过了几天，你回家了。皱巴巴的小脸已经变得光滑，整个人也活泼了些，会哭会笑。但我对你还是没有多少关注。放学回家，我写作业，练琴，吃饭，休息一会儿，再练琴——生活和从前一样规律。偶尔听到你的哭声，会感到烦躁。

日子一天天过去，你渐渐长大，会爬会走，会开口叫“姐姐”，变得越来越可爱。一张白皙的小脸，一双黑葡萄一样的眼睛，长得有点像我的洋娃娃，笑起来很萌。有时候心情好，我会逗你玩一会儿。

妈妈说，妹妹是上天赐的天使，我不以为然。那天我放学回家，就见你手里抓着一张纸在玩，本来以为没什么，可当我打开琴谱准备练琴时，却被惊到了——我的琴谱惨遭毒手，被撕得面目全非。我恍然大悟，夺过你手里的纸片仔细一看，差点晕过去。这哪里是什么纸片，分明是被撕的琴谱！你被我的举动吓到了，嘴一张就开始哇哇大哭。哭声引来了妈妈，妈妈朝我直努嘴：“琴谱撕坏了再印一份不就好了，都把妹妹吓到了！”说完就抱着你哄，气得我只能干瞪眼，心中厌烦更添一层。这哪里是什么天使，分明就是恶魔嘛！

一年又一年，你开始上幼儿园，我也念初中了，能见到你的时间越来越少。早上我去上学时，你还在睡觉；我放学回家，你已经睡着了。如此，便也相安无事了许久。可日子一天天过去，你的好奇心也在增长：第一次，偷进我房间，打碎了永生花的玻璃罩；第二次，拆了我拼了大半个月的乐高；第三次，搬了把椅子，踩着偷拿我放在柜子最顶层的零食，吓到了全家人……这般事例数不胜数，无奈，我只好每天上学前先把房门锁了。如此，我更确信了你是个小恶魔。

可随着时间流逝，你慢慢懂事起来。从前那个只知抢我东西的小丫头现在有了好吃好玩的，也会想着留一份给我。儿童节拎回家的一大袋零食，你分了一半给我，虽然我不是很喜欢吃零食，但还是很高兴。妈妈说：“现在你在给妹妹当妹妹。”听了这话，你居然很认真地点头，说：“我给姐姐当姐姐。”这话把全家人都逗笑了。

你越来越好看。妈妈不知从哪里翻出一本相册，里面都是我小时候的照片，我这才发现，你和我五六岁时几乎长得一模一样，只不过我文静，你调皮，气质不一样。“现在你相信妹妹是上天派给你的天使了吧。”妈妈笑着说，“能成为姐妹本来就是缘分。”这一次，我无法反驳了。

你是小恶魔，也是天使。可不管是什么，都要谢谢你愿意降临，成为我的妹妹。

点　评

本文语言平实，情感真挚。阅读本文，让人觉得轻松而愉悦，温暖而感动。题目叫“恶魔与天使”，这样鲜明的二元对立能引发读者强烈的阅读兴趣。选材贴合作者生活实际，代入感很强。情节跌宕起伏是本文的一大亮点：作者以“我”对妹妹的情感变化为主线，由一开始的不在意，到略有厌烦，又到有好感，再到撕琴谱风波以及无奈锁门后的彻底否定，“我”对妹妹的印象跌至最低点；行文至此，作者笔锋一转，由贬入褒，写妹妹“调皮”之外的“懂事”，引出“我”的情感变化，照应了标题，也深化了文章主旨，表达“我”对妹妹的喜爱。

方寸之间天地大

/罗琳琅/

一方小小的土地、一片小小的茶叶、一杯淡淡的清茶，外婆的方寸茶园，蕴藏着无限大的世界。

外婆家的茶园是我儿时最快乐的天地。每到夏天农忙时节，家家户户都忙着采茶。茫茫无际、漫山青绿的茶树间，外婆那一方土地显得格外渺小。我总喜欢跟着外婆，叫嚷着要学外婆一样采茶。外婆总会微笑着摸摸我的头：“这么小的娃娃，怎么这么爱干农活呢？”然后又总是宠溺地递给我一个直径不足二十厘米的小篮子，让我跟在她身后。说是采茶，其实我就是想去外面玩，呼吸泥土的气息。外婆轻轻哼着曲儿，手指在茶叶间上下飞舞。我则伴着外婆轻快的节奏，在茶树间穿梭，蹲在矮矮的树底下跟外婆玩捉迷藏，又学着外婆的样子一本正经地采下嫩芽，仿佛采下茶叶装满篮子，就可以拥有世间的一切美好。外婆的茶园里，低矮的茶树间，包含了我童年无尽的快乐。

上了初中后，渐渐有了学业压力，也不似小时候那般无忧无虑了。每次回到老家，我仍然满心欢喜地跟着外婆去茶园里采茶。“手提篮儿来采茶，片片采来片片香。”外婆又哼起那首熟悉的歌谣，我的心也渐渐平静下来。外婆的手指在茶叶间穿梭，岁月给她的手刻上了深深浅浅的皱纹，茶树的汁液在指甲缝中留下洗不去的乌黑，可外婆采茶的动作仍是那样平静、轻松。我不禁心生疑惑，我才上初中几个月便觉得学习枯燥烦闷，外婆这样采茶几十年，为何不觉劳累，反而显得十分轻松呢？

或许，外婆脸上的笑容已给出了答案：因为热爱。几十年的采茶生涯夺走了外婆鲜妍明媚的外在，但岁月无法泯灭的，是外婆内心深处对采茶、对劳动的热爱和对这方寸土地的眷恋。

跟着外婆回家，外婆第一件事便是从陈列着各式各样的茶杯的柜子里挑选出最为精致的一盏，轻轻撒入茶叶，泡一杯清茶。随着滚烫的开水注入，沉睡的茶叶从梦中被唤醒，接着开始翻腾、跳跃，散发出阵阵馨香，又慢慢归于平静，稳稳地沉在杯底。外婆悠闲地品着茶，这已成为她多年来劳作后的习惯。我虽不解外婆所说的“茶如人生”之类的话，却也乐意学着外婆的样子抿一口清茶。浓郁的茶香在唇齿间绽开，夹杂着一丝淡淡的苦，入喉，最后留下沁人心脾的芳香。我猛然惊醒：外婆的一生多像这杯清茶，起起伏伏，最后归于平淡悠远。一杯淡淡的清茶融入了外婆一生的苦与甜，也折射出外婆对生活的理解。外婆总说：“无论如何，都要好好生活。”即使生活忙碌，外婆每天喝茶的习惯从来不曾改变。在小小茶杯里，在命定的局限中，外婆用充实而美好的心灵、恬淡而乐观的态度，活出自己的大千世界。而这，是一种智慧。

游一方茶园，采一片茶叶，品一口清茶，天地尽在其中。

点　评

作者以茶作为贯穿全文的线索，回忆在茶园里度过的快乐时光，感慨外婆对采茶的热爱与对土地的眷恋，赞美外婆由品茶而得出生活智慧，篇末以富有诗意的语言道出主旨，紧扣题意，层层递进，井然有序，结构精巧。此外，本文立意不俗，格调高远。全文不但处处流淌着情感的温度——“我”对茶园和外婆的爱、外婆对劳动和土地的爱，给读者以触动，更洋溢着哲思的魅力——茶如人生，“方寸之间天地大”，唤起读者心中关于生命的思考。

父亲，我生命中的灯塔

/季文航/

在岁月的长河中，有一个身影始终如一座沉稳的山，给予我无尽的依靠和力量，那便是我的父亲。

记忆中的父亲总是忙碌的。他每天早出晚归，为了家庭的生计而奔波操劳。晨曦微露时，他便踏上了奔赴工作的路途，那坚定的步伐仿佛在诉说着他对生活的担当与对梦想的执着。夕阳西下，他拖着疲惫的身躯归来，脸上却总是带着淡淡的笑容，那笑容如同一缕温暖的阳光，瞬间驱散了我心中的阴霾。

父亲的手是粗糙而有力的。那是一双经历了岁月磨砺的手，上面布满了厚厚的老茧。小时候，我常常拉着父亲的手，感受那份粗糙中的温暖。父亲用这双手辛勤地工作，庇护着我们温馨的家。这双手见证了父亲的勤劳与坚韧，也成为我心中关于力量的最佳诠释。

父亲虽然不善言辞，但他的爱却如春风化雨般无声地滋润着我的心田。记得有一次，我在学校被同学欺负了，放学后，我委屈地跑回家。父亲观察到我双眼红肿，便询问了原因。他并没有多说什么，只是轻轻地拍了拍我的肩膀，让我坐到他旁边。他给我讲了一个关于勇敢的故事，具体是什么内容我已经记不清了，但那个晚上，我感受到了无比深沉的父爱。父亲用自己独特的方式给予我勇气和力量，让我学会了如何在困境中崛起。

在我的成长过程中，父亲也是我的良师益友。他总是以身作则，教导我做人的道理。他用自己的行动告诉我，做人要诚实守信、勤劳善良、尊老爱幼。每当我在生活中或学业上受到挫折时，他总是耐心地鼓励我，让我永不言弃。他说："人生就像一场马拉松，只要坚持下去，就一定能到达终点。"在父亲无微不至的鼓励和教导下，我变得更加自信和坚强。

随着时光的流逝，父亲的头上逐渐变出几根白发，脸上的皱纹也越来越多，但他的眼神依然温柔而坚毅，仿佛在告诉我，无论岁月如何变迁，他都会一直守护着我。每当我想起父亲那疲惫却又充满爱意的眼神，心中便涌起一股暖流。

父亲，您是我生命中的灯塔，照亮了我前行的道路。这种爱，深沉而内敛，不张扬，但无比坚实，这就是伟大的父爱。在您的呵护下，我从一个懵懂无知的孩子成长为一个有理想、有担当的少年。无论我走到哪里，无论我经历多少风雨，您永远是我心中最坚实的依靠。我要用我的努力，回报您的爱，在人生这条马拉松赛道上，我一定会乘风破浪，勇往直前！

点　评

这是一篇情真意切、语言平实的抒情散文。在作者笔下，父亲是忙碌而对生活充满希望的，父亲的手粗糙而有力，父亲不善言辞但却以独特的方式鼓励我，父亲是我的良师益友，父亲虽然老了但爱意依旧……这些，都凝聚了父亲对“我”浓浓的爱。父爱伟大，何以为报？作者写道：“我要用我的努力，回报您的爱，在人生这条马拉松赛道上，我一定会乘风破浪，勇往直前！”本文以灯塔喻父亲，寓意父亲引领“我”人生前进的方向，饱含对父亲的感激之情，引人共鸣。

改变，从一枝玫瑰开始

/阮芷煜/

天桥下有一个衣着破烂的乞丐，每天都在街边乞讨。尽管天桥上人来人往，但他得到的施舍仍微乎其微。他颓废地躺在铺着报纸的地上，抱怨着老天的不公。

夕阳的余晖染红了天边，漫天的云彩在落日的照耀下熠熠生辉，如同一幅瑰丽的画卷。“卖花啦，卖花啦！”一个卖花的女孩拎着篮子在大街上大声吆喝。一枝玫瑰从篮子里滑出，翩翩落下，正巧掉在乞丐面前。乞丐将玫瑰捡起，卖花女孩已经消失在天桥上了。他仔细地观察着这枝娇艳欲滴的玫瑰，在他粗大而肮脏的手掌中，它显得格外娇弱而圣洁。怜悯心泛起，他决定好好照顾这枝玫瑰。

回到住处，他翻捡半天，找出一个还算干净的玻璃瓶，认真清洗了一遍，将玫瑰插入其中，摆在桌上。但周遭破败的环境着实与这美丽的玫瑰格格不入，看着看着，乞丐想，不如将这乱七八糟的屋子（准确一点，应该叫“睡觉的地方”）整理一下……这样就和谐多了，一身疲惫的他满心欢喜地想着。

隔天，乞丐没有去乞讨。他走在大街上，人来人往，这座城市里的每个人似乎都在忙碌着，只有他在感受着大自然的美好。他看着花开，看着飞鸟，看着日落……看着许许多多以前没有留心过的瞬间。到处车水马龙，红绿灯一闪一闪地指引着人们前进或驻足。多像人生的指路灯啊，他不禁感慨着。

突然，他在一家店铺前停住了脚步。镜中的自己仿佛又把他拉回了现实：蓬乱的头发、破烂的衣服、黝黑的皮肤……与镜中的自己对视着，他陷入恍惚之中，一场激烈的斗争在心里缓缓展开。

难道要一直颓废下去吗？要吗？

要一直守着天桥看来来往往的人吗？不。

不想去看看更多更好的美景吗？想！

乞丐决定先给自己洗个澡，理个像样的头发，买一身干净的衣服，再去找一份像样的工作。毕竟，他还有点“存款”，那可是他这个月的全部收入，不多，但也许够他做出一点小改变了。

他踏遍无数公司的求职门槛，但无一例外，经理都嫌他学历低。无奈，他只能从门槛最低的工作开始干起。他跑外卖，风雨无阻，但还是经常被顾客投诉；他送快递，把一件件快递垒起来，搬进电梯，挨家挨户地敲门；他当建筑工人，在炎炎夏日搬数十斤重的建材，被太阳暴晒后皮肤通红……他坚信老天是公平的，付出总会有回报。在空余时间，他通过读书来充实自己。渐渐地，他蹲在街边读书的身影成了城市里的一道风景。皇天不负苦心人，他的努力被一个企业高管看见了，诚挚地邀请他加入公司工作。

多年之后，当他又一次回到了天桥下，此时的他已经是企业里某个重要部门的经理了，收入可观。当然，没有人能从他身上找到一丝当年落魄的痕迹。

看着眼前熟悉的环境，他感慨万分。激动之余，他瞥见天桥下的角落里坐着一个乞丐。那个乞丐年纪轻轻，手脚健全，但蓬头垢面，双眼无神。他嘴角微扬，穿过两条街，来到一家花店里，买下一枝玫瑰，插在公文包里。

回到天桥下，他快步向那个乞丐走去。经过乞丐的时候，他的电话突然响了。他一边接听电话，一边打开公文包，抽出一沓材料。玫瑰轻轻滑出，翩翩落下，正巧掉在乞丐面前……

点　评

这是一篇构思巧妙、寓意深刻的微型小说。本文以生动的笔触引发读者关于人生该如何度过的思考，以小见大，富有启迪性。从情节的设置上来说，本文也许不全是作者的原创，但作为一篇作文，我认为这并不影响它的价值。且不论《西游记》《三国演义》等古典名著无一不是在前人已有的作品基础上加工、再创作而成，就说本文特殊的情境设置（如篇末主人公将之前他人无意施与自己的“恩惠”再不经意地赠予他人）、丰富的细节描写（如把玫瑰插在瓶中的细节描写）、丝丝入扣的心理描写（如关于主人公内心激烈斗争的三段对话式的心理描写）、具体充实的场景叙述（如主人公为新生活奋力打拼的描述）等，没有高超的写作技巧与难得的写作耐心，必定是无法完成的。何况，作文不是文学，文学讲究独创性，作文是同学们借以历练文笔、展露技巧、感悟生活的媒介。功能不同，写法自然存异。对于作文教学而言，教师要鼓励同学们广泛阅读、灵活取用、大胆创造，创作出打上个人鲜明烙印的作品。

感谢你，弟弟

/王一丹/

一双红润的小手，一双六年未变的放光的眼睛，一个纯真的微笑……我要感谢你，我最亲爱的弟弟！

当你刚刚来到这个世界，还在妈妈的怀中时，我就被你吸引了。是你，让我有了一个全新的身份——姐姐。我肩上的担子一下就重了，只因多了一个小小的你。

六个月过去了，每一天都不觉得快，因为你给我们带来了缤纷多彩的爱与欢笑。当你学会翻身，“咿咿呀呀”叫着在床上滚来滚去时，我们一边笑一边喊着：“要摔喽，要摔喽”；当你学会了坐，像个小王爷一样端坐在床上时，我们都笑得合不拢嘴；当你缩在一旁，嘴里念叨着你自己才懂的“语言”时，我们凑到你身旁，满心期待你能学会叫“爸爸”或“妈妈”——如果是“姐姐”就更好了！每天都有不一样的惊喜在等着我们。谢谢你，我的弟弟，是你将快乐带给家里的每个人，它足以拨慢时间！

背上小小的书包，穿起干干净净的校服——你上小班了！看着你兴奋得满眼放光、大步远去的样子，我真有些舍不得。晚上，你回到家，用咬字还不太清晰的声音向我们讲述在幼儿园里发生的一切：你认识了新同学，又得到了老师的表扬……我们都笑了。去吧，弟弟！去用心地学，去认识世界，去走你人生的道路。我要谢谢你提醒我，你长大了，不再是牙牙学语的婴儿，而是一个迫切想接受新知识的孩子了。姐姐要跟你一起成长，我们互为榜样，一起变得优秀。

随着年龄增长，我进入了六年级，学业繁忙极了，作业的增多与睡眠的减少让我的脾气暴躁起来。有时，你的无心之词会突然点燃我的怒火，我会毫不留情地对你大吼。这时，你不但不生气，还跑到我身边抱住我，对我说：“姐姐，你不要生气了，好不好？你要是生气了，我也会伤心的！”那恳切的眼神、稚嫩的声音、身上传来的温暖的气息，像一股清泉浇灭了我的怒火。我只好说：“你这淘气的小宝，快一边儿去。”你笑了：“不生气喽！姐姐不生气喽！”说完，便蹦蹦跳跳地跑走了。谢谢你，我的弟弟，你是我辛苦拼搏时的陪伴，是我视如珍宝的开心果。我的生活因你变得甜蜜无比。

如今，我已步入初中，而你也成了一名小学生。弟弟，学习的路还长，但我会永远陪你步步前行。谢谢你的关怀与陪伴，就像花儿一样，在我身旁盛开。命运让我们相遇，再大的风雨也不能把我们分开，谁让我们是一家人呢？

点 评

本文紧扣“感谢”二字进行事理陈述与情感酝酿，不仅拿捏有度，语言灵动活泼，而且处处洋溢着亲情的温暖、成长的欢乐。作者先以白描手法开篇，勾勒出弟弟的外貌轮廓；紧接着从弟弟出生时、半岁前、上小班以及“我”上六年级时四个时间节点入笔，依次道出对弟弟由衷的喜爱以及真挚的谢意：“让我有了一个全新的身份——姐姐”“是你将快乐带给家里的每个人”“谢谢你提醒我，你长大了，不再是牙牙学语的婴儿，而是一个迫切想接受新知识的孩子了”“你是我辛苦拼搏时的陪伴，是我视如珍宝的开心果”；收篇，既有“感谢”，更有勉励，抒发出作者与弟弟共同面对人生风雨的坚定信心。

海陆空之战

/黄心童/

说到我家，就不得不提我家中的“海陆空三军”。

顾名思义，“海”就是水中游的，“陆”就是地上走的，“空”就是空中飞的。

有的人或许已经猜到了——没错，它们就是我家的宠物啊！请准许我为大家隆重介绍这些英勇的战士们。它们分别是来自水中的身披五彩鳞甲的斗鱼勇士们、来自陆地上的手持利爪的猫武士们和来自空中的身着迷彩服的鹦鹉战士。

成员最多的是斗鱼勇士们。它们散落在鱼缸的各个角落，虎视眈眈地俯视着房子里的一切。

最为年长的是那三只猫武士。它们总是团体作战，更是这片领地的“原住民”。

但实力最强的是那只和尚鹦鹉。它一身青绿，勇猛好战，常在鸟笼里大吼大叫，像在宣示着这个家的主权。

战士们生活在我家的阳台上。一直以来，它们都以一种和谐的关系相安无事地生活在一起。但就在不久以前，一场“战争”爆发了。

那天下午，阳台上静悄悄的，战士们都在静静地休息。一只黑白相间的猫武士伸了个懒腰，将它的爪子向四方伸展开来。“哔”，它的爪子碰到了鱼缸的某个按钮，鱼缸的灯光顿时亮了起来。感受到耀眼灯光刺激的斗鱼勇士们四散开来，凶恶地瞪着黑白猫武士。黑白猫武士显然也吓了一跳，直直地站了起来，肩上的毛耸立着，警惕地盯着斗鱼们。

一旁的鹦鹉战士也被吵醒了。它赶忙飞上站架，饶有兴致地盯着僵持不下的双方。

“咻”的一声，一只斗鱼冲到鱼缸中央，像是在发起挑战；另外两只白猫武士也走了过来，像是要助阵。

看战友们都到齐了。黑白猫武士低吼一声发起攻击，一掌探入鱼缸里。霎时水花四溅。黑白猫武士抽回爪子，水在空中画出一条完美的弧线，飞入鸟笼中。

鹦鹉发出一声刺耳的鸣叫。一只白猫武士好奇地转过身，却碰上鹦鹉的“大力金刚喙”。它一口啄在了白猫武士的鼻子上。“嗷！”——白猫武士痛得大叫一声，一爪挠向了鹦鹉。鹦鹉不甘示弱，飞到上方用爪子钩向愤怒的白猫武士。

就这样，“战场”上毛羽飞扬，水花四射。“战争”一直持续到妈妈回家。妈妈听到阳台上发出异响，飞奔过去。刚拉开门，三只猫武士就飞也似的冲了进来，鹦鹉大吼大叫着跟妈妈告状，斗鱼勇士们用水汪汪的大眼睛可怜巴巴地盯着妈妈。

妈妈带着全家人清理了战场，又花了好些时间将三只猫武士赶了出来，关在另一个阳台，留下鹦鹉和斗鱼勇士们隔空相望。

自此，“海陆空大军”又恢复了和谐相处的日子。看着它们，我哭笑不得。但仔细一想，我们初中生的生活不也是如此吗？这不就是下课大吵大闹，一上课又默默和好的我们吗？

点 评

本文由始至终弥漫着轻松、诙谐、温暖的气息，给人以美妙的阅读体验。标题即给人一种新颖之感；开篇释疑，也让读者感受到“我”对家中宠物的爱；全文最大的篇幅用于详尽刻画“海陆空三军”战士们由剑拔弩张到爆发冲突，最终被妈妈制止的过程，令人身临其境，忍俊不禁；收篇由物及人，联想到身为初中生的同学们，进行类比，体现出作者的幽默。

怀表

/刘予思/

我，一个很普通的学生，每日往返于两点一线，学校、家，日子就这样一天天过去。

一个不寻常的午后，我背着书包走在回家路上。忽然，我看见脚边躺着一块精美的怀表。它通体银白色，四周有许多齿轮状的装饰，一根长长的链子垂在一旁。好奇心驱使我把它捡了起来。这表真漂亮，不知道是谁丢的。它似乎坏了，指针一动不动。如果没人要的话，那就是我的啦！我这样暗暗想着，手不停地在表上乱按。

“咔”一声脆响过后，我惊奇地看见怀表慢慢开始走动。我抬头看了看四周，却发现世界好像都静止了。奔驰的轿车、飞翔的鸟儿、行走的人群……整个世界如同挂在墙上的壁画，一动不动。

天啊，这表居然有魔法，它可以让时间停止！那我岂不是可以为所欲为了？怀着这个大胆的想法，我走进一家便利店，随手拿起一瓶饮料，死死盯着店员。直到我走出门，店员都一声不吭，甚至连眼睛都没有眨一下。我看着手里的饮料，心中更确定了自己的想法。“咔”，又是一声脆响，世界又喧闹了起来。只见分针停留在数字“1”上。“五分钟。”我自言自语地念道，“看来一次只能静止五分钟。”

我满心欢喜地跑回了家，天天研究这块从天而降的怀表。一天、两天、三天……随着时间一天天过去，我已经彻底摸透了这块表的功能。这块表的静止时间可以由我自己决定，也许可以达到很多年。

就这样，我开始大胆起来：作业没有写完，静止时间；想看电子产品，静止时间；想要吃东西，静止时间……我的生活没有了烦恼，就算有，只要动一动手指就能解决。日子飞快流逝，渐渐地，我习惯了没有声音、没有生机的世界，我对时间的概念越来越模糊。

直到有一天，早上起来时，我发现自己起身变得困难，脚步也不再利索。低头一看，发现自己的手皱皱巴巴的，我吓了一跳，急忙拿起镜子，发现自己的头发已经花白，眼角、嘴角布满了岁月的痕迹。爸爸妈妈看见我，惊讶得说不出话来，带着我直奔医院。检查结果令医生十分震惊，我竟然一夜之间，从一个十几岁的小姑娘变成了六十几岁的老奶奶。我这才明白，这块表并非对我无限忠诚，它给我开了个天大的玩笑，把我静止的时光合在一起，再一次性加倍还给了我。

事到如今，我别无选择，只有放手一搏了。

我把自己关入房间，撬开表盖，那里有一个隐藏的机关，可以调整年份与日期。我颤抖着手，用镊子费劲地将日期一天天往回拨。万幸，我还记得那一天——2023 年 11 月 24 日，我的生日。

终于，我成功了！

我背着书包走在回家路上。忽然，我看见脚边躺着一块精美的怀表。我径直走过……

点 评

想象作文的魅力在于其既出人意料，又符合人情与事理。而要想实现这一目标，高超的叙事能力是不可或缺的。本文就是这样的一篇立意高远、构思巧妙、细节处理圆融到位的美文。本文是双线结构，明线围绕怀表的得到、使用、错失等情节展开；暗线则是“我”对生活由厌倦到逃避，最后回归的变化过程。本文故事讲述繁而不乱，寓意深刻且耐人寻味，语言平实却不乏生动，作为六年级的学生，能有这样的写作水平，极为难得。

家的味道

/余星宅/

几千年来，中国人靠山吃山，靠水吃水。幅员辽阔的土地也形成了各地饮食的差异，八大菜系赫赫有名。但即便差异再大，各种味道中仍有一种是相似的，那就是家的味道。

从小到大，我最喜欢吃的就是妈妈做的西红柿炒鸡蛋。金黄的蛋液倒进油锅里，伴随着“哧啦”一声，蛋液迅速凝固鼓起。飞快翻面，片刻后蛋饼就成形了。妈妈把蛋饼拨到锅边沿，倒进切成块的西红柿，快速翻炒，加入少许温水，西红柿很快就渗出红色的汁液。再把蛋饼划到西红柿汁里，和西红柿混合翻炒，加入调料，出锅前撒入少许葱花，一盘热腾腾的美味的西红柿炒鸡蛋便新鲜出炉了。我最喜欢看妈妈炒这道菜，感觉格外温馨。无论我开心或者不开心，妈妈问我想吃什么时，我都会很大声地说：“西红柿炒鸡蛋。”妈妈有时候会笑我：“格局打开点。”可是在我看来，任何美味佳肴都比不过妈妈的这盘西红柿炒鸡蛋。长大一点，我似乎明白了，也许我想吃的只是那种味道，属于家的味道，别人无法做出来。

家的味道，不仅仅是这道西红柿炒蛋，更多的是妈妈对我的爱，是家的温馨与舒适，是爸爸妈妈带给我的温暖。当我生病时，妈妈彻夜不眠守在我身边，一会儿摸一下我的额头，一会儿询问我的感受，那焦急的神情让我感到温暖。当我学习遇到困难时，妈妈总是和蔼可亲地安慰我，让我不要焦虑，并且耐心地一遍遍地给我讲解题目，直到我完全理解为止。小时候当我走不动的时候，爸爸总是把我扛在肩膀上，带着我去玩耍，去旅行。妈妈笑说，我是在爸爸的肩头长大的。每次听到这句话，我都觉得无比幸福。当我和爸爸一起锻炼时，看着阳光下投射在地面上的爸爸强壮的身影，我总会获得一股无形的力量。

有人说，趁着年轻，就要大干一场，让自己的生命充实而不平庸。但是世界那么大，当你看遍世间繁华，走遍千山万水，蓦然回首才发现，家里的灯光永远为你亮着，家里永远都有妈妈做的你最爱吃的那道菜。

家的味道是什么？是慈母“临行密密缝，意恐迟迟归”的记挂，是游子“所爱隔山海，山海皆可平”的确信。温馨的家是幸福的源泉，让每一个出门在外的人都不孤单，有方向。

回家的路，记在心里，就不会迷茫。天大地大家最大。今天你想家了吗？

点　评

本文中“家的味道”语义双关，既指妈妈做的美味的西红柿炒鸡蛋，也指家庭的温暖、父母的陪伴，这是本文在立意与选材上的高明之处。本文的另一亮点在于篇末的议论与升华。如果本文仅仅着眼于抒发“我”对父母关爱的感激的话，则算不上出彩，作者显然有更大的写作野心。文章由“我”的“家的味道”切入、展开，收束于对“家的味道是什么”的探究，将“我”的个体经验上升到群体性的普遍认知，将肤浅的个人感受过渡到深刻的人生哲理上，极大地提升了本文的思想性与艺术性。

家有“苔妈妈”

/王一丹/

咦，“苔妈妈”是什么？ 难道我堂堂豆蔻年华的少女的妈妈竟是一株碧绿的苔藓？ 才不是呢！ 我的妈妈，乃一四十出头、圆脸大眼的可爱女人。 至于何以得到“苔妈妈”之号，还得从一年前说起。

那时，我家拥有了一只小猫，长长的灰色毛发就像云朵一般轻逸。 妈妈一见到它，脸上都要笑开花了。 她将小猫抱在怀里，用两根手指摩挲它的爪子，还给它取了个令人不禁吞口水的名字：海苔。

从此，只要海苔一出现在妈妈眼前，她便会扔掉吸尘器，放下手机，停止洗碗，抛开抹布，然后张开双手虎口，一左一右掐在海苔前腿腿根，将它“嗖”的一下举到空中，抱在怀里。 你听，她还在不停念叨：“苔咪咪宝贝，你饿了没呀？ 妈妈给你弄吃的。”那声音好像用甘蔗汁、白砂糖和麦芽糖一起浸过似的，用爸爸的话来说，就是“海苔在眼前，说话比蜜甜”。看妈妈与海苔如胶似漆的样子，我赐她一美名：苔妈妈。

“苔妈妈”还有一奇处：不会做饭。在大多数人的印象里，妈妈应该是慈爱、温柔，做得一手好菜的，可以把简单的食材进行七十二般变化。可我的“苔妈妈”却对做饭七窍通了六窍——一窍不通。你看，她刚把油倒进炒锅，还未来得及倒入青菜呢，便捂着脸跑出两三米，原来是头发上溅了些许油星。等倒菜时，她端着碗的手在锅上方慢慢倾斜，抠住碗沿的指尖因为内心紧张而发白，然而，菜却在碗底抱成一团，纹丝不动。终于，一小片菜叶滑出，落入锅中，立刻爆发出“巨大”的响声。妈妈发出一声尖叫，手一抖，整碗菜一并掉落在锅里。不得了了！在妈妈看来，这分明是爆炸！可怜的“苔妈妈”被吓得魂飞魄散，惊魂未定。

在烹饪方面毫无经验的妈妈做起家务却一丝不苟。家里的地板、墙壁，乃至餐桌上都不时飘着猫毛，可她却能一手执吸尘器，一手操洗地机，双管齐下，所到之处“寸草不生”。这样一位勤劳的“苔妈妈”，是不是很可爱？

“苔妈妈”还是家里得力的“黏合剂”。说来惭愧，我可谓是家里的“愤怒的小鸟”，家里一切争端好像都由我而起。这不，我又和爸爸因琐事吵起来了。我的脾气上来了，一跺脚分毫不让；爸爸也如泰山压顶，又似猛兽低吼，就差眼里喷出火来了。这事态，如果不及时缓解，恐怕后果比火山爆发还严重！只见“苔妈妈”来了。她不慌不忙，不紧不慢，笑眯眯地把一颗糖塞到我手里，又转过身，拉起爸爸，出了房间。我拿着糖坐在房间里，还能听到她的声音："都是孩子呀，消消气……"我将糖放入嘴里，甜蜜与酸楚交织在一起，还有一股妈妈身上的香水味……

这就是我的"苔妈妈"。她也许不够完美，可又有什么关系呢？

幸会，"苔妈妈"！

点　评

本文洋洋洒洒千字有余，因为字数多，妈妈的形象格外丰满：爱猫、不会做饭、爱做家务、善于劝架。这也给我们的写作指明了方向：综合运用多角度刻画人物的方法，把字写多，故事便能引人入胜，人物形象更立体，文章自然也精彩。此外，本文还有两大优点：语言活泼俏皮，诙谐幽默的表达让"我"对妈妈的爱显得更深更浓；善于提升读者的阅读兴趣，标题即设置阅读悬念，开篇前三段逐步揭开谜底，如抽丝剥茧，逐步深入，手法高明。

精神家园

/张翁昊/

泰戈尔曾写道："自然是物质的，而人却具有精神。"无论生活水平如何，我们都各自守护着一片精神家园。

爷爷奶奶在乡下有间老房子，我小时候最喜欢里面的一件东西：石磨。记得那次回到老宅，爷爷笑眯眯地问我："小宝，你想不想尝尝手磨的豆浆啊？"我疑惑不解："手磨？不是有破壁机吗？""就算有了高科技，也不能忘了老手艺啊。走，带你磨豆浆去！"于是，经过了让人大汗淋漓的推磨，无聊至极的滤渣，最后再体验一番激动人心的熬煮，身上沾满豆汁的我终于心满意足地喝上了豆浆。一旁的奶奶开怀大笑："看吧，老手艺可一点没比现代科技差！这石磨磨出的豆浆才有豆子的香味哩！"

当时我只顾着喝豆浆而没认真听奶奶的话，现在回想，忽然有些明白：原始简单的石磨并不会让豆浆口感变得更润滑、更香甜，却往其中加了一份不忘本来、继承传统的精神内涵。那间放着石磨的老屋，俨然是爷爷奶奶守护一辈子的精神家园。

暑假里，我有幸去一名同学家中参观。进入他的书房，矗立在我面前的是一个整面墙那么大的书柜，各类书籍填得满满当当。我吓得退后一步："这藏书量有点离谱啊！"感叹完，却又想起些什么，便问他："为什么不买电子书呢？它只有一本书大，却可以轻易装下你所有的书啊！"正当我以为他会恍然大悟地感谢我指点迷津之时，他淡然地笑了笑："电子书容量是大，但读电子书少了些感觉。那种信手翻阅、随时摘录、与书籍融为一体的阅读体验才是最宝贵的。"

我张大了嘴巴，顿时为自己的肤浅而感到惭愧。现在很多人喜欢阅读纸质书，纸质书是他们为心中无法被替代的文字情结找到的最佳载体，是他们对阅读真正热爱的体现。阅读，不只是一种简单的汲取知识的行为，同时也是在守护一方精神家园。

又到了新年，我们全家人齐聚一堂准备年夜饭，远在北京的表哥却不能回家团圆。我焦急地点开微信“质问”他：“表哥，你为什么回不来啊？”“今晚公司临时有会议，我先不回家了。”我正要反驳，他却发了个笑脸表情就匆匆下线了……当晚八点，年夜饭已开始，仍然不见表哥的身影。正当我懊恼之时，门突然被打开了：拎着大包小包的表哥出现在了门口。“会议取消了！”他露出了得意的笑容，“不过即便没有取消我也会请假回来的！”我不禁一阵感动：表哥工作繁忙也不忘与家人团聚，他在忙碌的生活中固守着一处精神家园，那是一个叫作“家”的地方。

无数人都在坚守着他们各不相同的精神家园，那么我呢？我用笔记录下这些美好，我也要去寻找，在心中构筑起属于自己的精神家园，时刻呵护它！

点　评

对于初中生而言，“精神家园”这个题目有一定的审题障碍，很多同学无法准确把握这四个字的内涵。其实，“精神家园”就是精神信仰，指一个人（或某个群体）心中对某一种理想、信念的坚守。本文以“我”的亲身体验为叙述角度，从三个生活场景切入，阐述并见证爷爷奶奶、同学、表哥各自心中不同的精神家园——传承古老技艺、热爱纸质书阅读、守护亲情。全文思路清晰，语言平实，情真意切，格调高远。

军训也快乐

/蔡歆妍/

你印象中的军训是什么样的？是在炎炎烈日下站军姿，还是被教官罚跑操场三圈？是食堂里美味的饭菜，还是回到宿舍后舍友们的欢声笑语？有人认为军训是枯燥的、痛苦的，可我认为军训也是快乐的。

不信你看，在去军训的路上，大巴里闹哄哄的，一派欢天喜地的景象。大巴正在过桥，往窗外望去，夏日的阳光洒在波光粼粼的江面上，高楼大厦林立岸边，让人觉得神清气爽。“嘿，那是我家！”后排的一位同学指着不远处的一栋楼大声喊道。不少同学打趣他：“那我以后要去你家蹭饭！”“加我一个，哈哈！”……顿时，欢快的笑声灌满整辆大巴。我也被他们的笑声感染到了，不禁哼起了小曲。

军训第一天恰逢我的生日，但我这次无法和家人一起度过了。那天中午，我在餐桌旁悄悄地向宿舍长透露了这件事。她神秘一笑，拍拍我的肩膀，便端着餐盘去洗碗了。吃完饭后，我在食堂里徘徊。咦，奇怪，我的舍友们哪儿去了？她们兴许是吃完先回宿舍去了吧！我揣度着。

回到宿舍门口，我打开门，里面漆黑一片。突然，眼前出现了一个黑影，把我吓了一跳。那个黑影大喊道："生日快乐！"随后，宿舍里的灯全亮了。映入眼帘的是舍友们的笑脸。她们都笑吟吟地看着我，大声道："嗨，寿星！"宿舍长走上前来，一声令下："一起唱！""和所有的烦恼说拜拜，和所有的快乐说嗨嗨……"歌声如泉水一般流进我的耳朵。我的鼻子酸酸的。这是同学们第一次给我过生日！

为了弥补宿舍里不能吹蜡烛许愿的遗憾，宿舍长用她的加湿器给我"做"了一根"蜡烛"。她摁了一下按钮，白色的雾气从加湿器顶部的孔中飘了出来，飞到我脸上，让我感到一丝凉爽。我双手合十，闭上眼睛，许下一个心愿。"快吹吧！快吹吧！"同学们纷纷催促道。"呼！"我朝那片白雾吹了一口气。宿舍长立马又摁了一下按钮，雾气渐渐地淡了，就像蜡烛熄灭了一样。我和舍友们都忍不住笑了。

军训中快乐的事情不胜枚举：进入初中第一次和同学们体验寄宿生活，兴奋得整宿睡不着；某某同学因为紧张一直走出同手同脚的姿势；和组员一起制作永泰葱饼，磨豆浆，做馒头；和教官打赌……每一件都令人难以忘怀。

或许在你眼中，军训等同于劳累与汗水，但在我心里，军训代表的是欢笑与快乐。世间并没有什么事物是完美无缺的，当你以一种乐观的心态去面对时，快乐便无处不在。

点 评

这是一篇半命题的应试作文，题目是“______也快乐”。很多同学一看到这个题目便贸然下笔，以为领会了题目的要求，待通篇写完才发现，题目中的“也”字在文中并没有得到很好的体现，可见，审题很重要。本文不但把军训的快乐写得淋漓尽致，而且通过他人与“我”对军训的不同理解这一对比，很好地体现了“也”的含义，反映出作者审题的细心。

梦中的林子

/吴恒予/

我梦想着能有一片林子。

小时候，身边的小伙伴们都有各自的梦想，想成为英雄，想成为老师，甚至还想成为动画片里的角色。而我，却只想要一片林子。

我曾无数次梦想过那片林子朦胧的模样。林子里有各种各样我不认识的树。红的叶子、黄的叶子、绿的叶子缀满了土地。我可以踩着它们，在一片“沙沙”声中惬意地漫步。我害怕黑暗，于是一枚太阳就永远挂在这片林子上空，散发着温暖，充满光明。我害怕寂寞，于是这片林子里便有许多小动物，它们在林间奔跑、玩耍，或一展歌喉，或静静地陪在我身边，和我一起探索，陪我一起欢笑。那纯粹的笑容，与林子里的花儿一起开着，散发清香……

我曾想将这片林子分享给他人。我将林子里的场景用那根只剩半截的蜡笔慢慢描摹了出来。我画出了无数个场景，但却总不被大人们所接受。他们总是对我说：“要好好学习，别七想八想。”我也曾反抗过，但终究妥协了。慢慢地，我忘记了那片林子，尽管我无数次想回到那里，却总也记不起它的样貌。

年岁渐长，我告别了儿时的纯真。但在紧张繁忙的学习生活中，在大人们的催促与施压中，我的心头又萌发了对那片林子的向往。我无数次努力地回忆着那片林子里的点滴，但它仿佛被一层厚厚的灰盖住，似一张尘封多年的照片，失去了色彩，带走了温暖，也带走了我的快乐。阳光终年不至，整片林子只剩下一片清冷的寂静。是林子变了，还是它已经不再是我的那片林子？我不知道，更无法知道。

一天，表弟来到我家玩。他安静地坐在桌旁，画着画。令人意外的是，他竟也画了一片林子。林子很美，很亮，很温暖，仿佛就是我梦中的那片林子。他转过头来，自豪地对我说：“哥，我的梦想是拥有一片这样的林子！”

啊，我突然明白我的林子去了哪里。原来，它一直都在。它在每一个孩子的笔下，在他们的梦中。不是林子抛弃了我，而是我抛弃了林子。

梦中的林子啊，我来了，请重新回到我的梦中！

点　评

每个人的心中都有一片供心灵休憩的地方，在那里，我们调整疲惫的身心，思考永恒的问题，憧憬美好的未来……这样的所在，也就是我们所说的回忆、幻想、梦想等等。本文就是一篇探讨精神生活追求与现实世界困境之间关系的精致美文。作者开篇把抽象的概念具象化，以“梦中的林子”这一独特的物象来形象地再现精神生活追求的美好，为下文写它的失去、改变、重现作铺垫，在一失一得间领悟出人生的道理：不管世界如何令人失望，都不能停下追梦的脚步。

那一刻，我醒了

/陈晓媛/

文学的世界五彩缤纷。谁也不知道，为什么有些作者单用几个极简短的句子，便可直击人们的心灵，使灵魂得到共鸣。

小学时的我每每看到书中精彩绝伦的描写时，都不禁心生幻想：要是我也能写出这样的句子该多好！于是拿出纸笔，悉心钻研，得出了一个现在看来荒谬无比的结论：那些看上去让人浮想联翩的文章，都是由一些“高大上”的词语和句子组成的。对此，我兴奋不已，暗想：不就是多几个好看的词语和句子吗？我也行的！再看看当时被老师评为

“优秀范文”的作文，心中更是自信，认为自己下一次一定能大放异彩，写出一篇“优秀范文”！

从那以后，无论是课堂上的小练笔，还是考试中的作文，我都用上许多漂亮的词语和句式。一个普通的苹果，我一定要写：“滚圆滚圆的，红彤彤亮晶晶的苹果，令人见了就不禁流口水。”一支常见的铅笔，我也要写：“细长的、笔直的铅笔，拿起它，许多优美的句子便会从笔下流出。”一段上学路，一棵小树苗，我也费尽了笔墨去描写。若说我于其中寄托了什么情感吧，也没有，就单单是将一堆好看的词语堆积在一起罢了。

没想到，我的作文分数不升反降，且急转直下，最后刚好落在及格线上。老师的评语大多是“文笔浮夸，没有真情实感”之类。我百思不得其解：自己明明都是按那些“大文豪”的风格写的呀，怎么就不行呢？

终于有一天，老师实在看不下去了，叫我到办公室，问道：“你这些华丽的语句，真的是发自内心地去描写的吗？你看，这个地方，有必要加那么多形容词吗？这些词语将你原本擅长的朴实文笔全覆盖了！”我疑惑地问道：“可我之前看别人的优秀作文，他们都用了很多的修辞呀？老师您不是也夸他们的作文写得好吗？”老师抿了一口水，说：“人家用这些词语的时候寄托了自己真挚的情感，而不是口说无凭，随意堆砌。我还有一个问题要问你，你写作文，是为了什么？”

“为了写出‘优秀范文’。”我不假思索地回答。“看来你写作的目的也不恰当。写作，是发自内心的感悟，是心灵的交流，而不是仅仅为了得到别人的肯定，或为了某个世俗的目的！”

那一刻，我醒了。是啊，笔尖下流淌出的振奋人心的文字，又岂是那些无病呻吟的堆砌所能相比的呢？

后来，当我再回头，看到之前写的那些华丽的文章，便觉得它们无比虚假。我很庆幸老师的那番话让我醒悟过来。

哦，忘了告诉你一件事。之后的一次作文评选中，我凭借文字中流露出的真挚情感打动了老师，终于写出了“优秀范文”。

点　评

醒，既可以指睡眠的结束，也可以指心灵的突围，指明白了一个道理、知晓了某个真相等等。“那一刻，我醒了”这个题目，关键词除了“醒”，还有“那一刻”，学生在审题时很容易疏忽，漏掉关键信息。本文取材新颖，寓意深刻，借“我”学作文只重外在、忽视内在一事道明为文大巧若拙的道理，文脉贯通，气韵丰足。

棋中人生

/林楷舜/

围棋自古流传，不同于其他棋类，它是世上变化最多的棋，而其繁复的变化即便是强如人工智能，也无法完全破解。对于其奥妙，我自然是管中窥豹，只见一斑。依我看，这人生之路漫漫，亦可从这小小围棋中找到答案——

谨慎判断。围棋与其他棋一样，对弈时，每一步都只能下一手，下完就要轮到对方作选择，所以在下棋时要谨慎判断，不能让对方钻了空子，将主动权让给对方。人生亦是如此，需小心权衡，只有判断正确，生活才会为你亮起绿灯。

果断抉择。在谨慎作出判断以后，果断的抉择便势在必行。选择需要有足够的勇气，但不仅仅是只凭勇气那么简单，我们还需要强大的毅力来抗衡可能到来的诱惑与悔恨。就好比下棋时的所谓“骗招”，因为落子无悔，所以只能在心里默默承受。生活中，影响一生的诱惑并不少，就看我们能不能禁得住诱惑，敢于承担后果，拥有足够的勇气去攀登人生一座又一座的高峰。

及时挽回。我们无法像高手一样每一步棋都下在正确的地方，但下错一步不等于全盘皆输，所以不必过于紧张。听天由命，还是争取一线生机？人生经验告诉我们，是后者！与其埋怨自己犯错，不如努力挽回。犯错并不可怕，可怕的是掉进一个坑，就再也爬不起来了。

迎接失败。并不是每一段旅程都会一帆风顺，失败是常有的事。那么，我们该如何面对失败？要知道，鲜花与掌声的背后必定是无数的汗水与孤独：作家写出了不起的作品，其书桌上必定压着厚厚的草稿纸；棋手夺冠，心中早已收藏了数千棋局。失败有什么可怕的呢？我们不应该拒绝失败，反而应该欢迎失败，不要给自己定上限，阻挡了前进的步伐。人生就如棋盘，可以下无数盘棋，不管前面失败了多少盘，都没有关系，只要最后一盘成功了，你就是胜利者。我们渴望成功，也要坦然面对失败，因为正是它让我们有足够的能力去迎接成功。

避免骄傲。当一个职业棋手到达顶峰时，在他光环的背后，还有许许多多的职业棋手在默默地注视，欲取而代之；而在他们的背后，又有无数冲段者默默坚持努力，渴望到达更高的层次。俗话说，逆水行舟，不进则退。当你炫耀自己的胜利之时，失败也许正在下个路口暗暗发笑。无论达到何种境界，都不能洋洋自得，否则，就会被身后的人赶超。

拒绝懈怠。一切荣誉都不是凭空而来的。我的一位围棋老师曾经与某世界冠军是同学，甚至天赋比其有过之而无不及。不同的是，他每天回到家，心神俱疲之下无力琢磨棋艺，而他的这位同学却毫不懈怠，无人对弈便自己跟自己下，一下就是好几盘。渐渐地，曾经的手下败将成了棋馆的当家掌门。最后，人家成了世界冠军，而他只成为一名普通的围棋教师。努力不一定成功，但是不努力一定不会成功。我们可能只是他人的配角，但我们依然要努力地活成自己的主角。

珍惜当下。我们这么努力究竟是为了什么？如果说人生是一盘棋，那么我们是为何而下，又为何而赢？如果你眼前充满光明，那让你拥有三天黑暗，你就会更加珍惜现在的一切。一盘棋结束，当你为自己的失误暗暗懊悔之时，可能在世界的某个角落，正有一个懵懂稚儿看着你伟大的成绩而羡慕不已。珍惜现在的一切吧，未来等着我们去创造。

人生如棋，与其说我们为何而赢，不如说是为何而下。生命从起点开始，死亡在终点等待，但我们不用担心，因为路还很长，努力过好每一天，才是人生的全部意义。勇敢地突破自己，下好一盘又一盘“棋”，无论胜负，我们都是赢家。

点　评

本文不从琐细的下棋经历入笔，逐层推进，而是单刀直入，侃侃而谈，由围棋之理揭示人生之道，条分缕析出“谨慎判断”“果断抉择”“及时挽回”“迎接失败”“避免骄傲”“拒绝懈怠”“珍惜当下”等七个内涵，立意新颖而高远，说理言简而意赅，通篇充满哲思意味与思辨色彩，金句频出，流光溢彩。

守初心之坚，谱人生新篇

/徐璟芃/

生活就是一本诗歌集，愉悦是诗，失落亦是诗。我们都有谱写这一集子的生花妙笔。笔握于手，胸有星辰，守住初心，不惧流言。

王勃云：“穷且益坚，不坠青云之志。”诚如斯言，如果说初心是我们人生的火炬，坚守便是延续火炬之光的燃料。唯有初心与坚守交相辉映，方能豁然开朗，一马平川。“我的人生我做主。”是的，人生需要自己去规划，守初心之坚，谱人生新篇。

可是，如今越来越多的人在流言蜚语的罗生门中丢失了本心，在谣言的迷魂阵里不见了方向。一个女孩带着硕士录取通知书去看望躺在病床上的爷爷，与爷爷合影的照片发到网上后，因为一头粉发，她遭遇了网暴。漫天的污言秽语像一柄柄伤人的利剑，深深地刺入花季少女的心，本该拥有大好前途的她选择了离开这个世界。在为这位少女感到惋惜和对网络暴力进行批判的同时，我们似乎也应该反思：我们是否应该被他人的评价和看法所左右？是否要为了迎合别人的想法而失去初心？我想，答案必然是否定的。

“岂不罹凝寒？松柏有本性。”松柏傲雪凌霜，也不在意疾风的摧残，纵使环境艰苦，我自岿然不动。“草木有本心，何求美人折？”兰桂自有芬芳，不求君子攀折。“俏也不争春，只把春来报。待到山花烂漫时，她在丛中笑。”梅花亦是如此。她不与其他花一同在春季展露芬芳迷人，而是独守寒冬腊月与纷飞大雪为伴，其初心之坚可见一斑。

请看，古往今来，无数风流人物、成大业者，必定初心不改，如松柏，如兰桂，如蜡梅，卓尔不群，志洁行芳。

韩信忍屠夫胯下之辱，熟读兵法，终成一代名将；陶渊明不为五斗米折腰，隐居避世，静心田园，守人格之尊严，寻心灵之自由；苏轼默默承受官场与文坛一起泼来的污水，在黄州摇身一变，成为万人景仰、“一蓑烟雨任平生”的苏东坡；“两弹一星”元勋钱学森毅然舍弃美国的优渥条件，怀爱国初心，回国投身科研，建设一穷二白的新中国；居里夫人守科学研究之初心，在简陋的旧棚屋里像工人一样没日没夜地工作，最终发现了镭。他们身上都凝聚着一种名为“坚守”的力量，这种力量使他们的人格闪耀着名为“英雄”的光辉。

康德说：“既然我已经踏上这条道路，那么，任何东西都不应妨碍我沿着这条路走下去。”同学们，让我们在人生的道路上义无反顾地前行吧，趁有限之青春，守坚定之初心，谱写人生无悔诗篇！

点　评

本文开篇亮出中心论点：“守住初心，不惧流言”；接着，第二段对这一论点进行正面的道理论证，再以女孩的事例从反面进行论证，一正一反互补，说服力强；不止于此，作者再以松柏、兰桂、蜡梅高洁傲岸的品格为喻，以韩信、陶渊明、苏轼、钱学森、居里夫人等古今中外名人的事迹为依据，进一步强调坚守初心的重要性，从而引出篇末的呼吁。作为初二学生，能写出这样一篇逻辑缜密、论据充分、文采飞扬的议论文，十分惊艳！

天堂时光册

/林诗弘/

“逝者如斯夫，不舍昼夜。”这是孔子在河边对时光流逝发出的慨叹。是啊，为什么我们的时间一去不复返了呢？为什么曾经那些美好的时光只能被当作回忆了呢？在潺潺流水间，身边的人也同幻影一般飘散而去。

翻开时光的相册，蓦然回首，我看见一个撑着伞的背影，耳边的放学铃声也变得清晰。终于放学了，累死了！“天呐，怎么下雨了？完了，忘记带伞了。”一场大雨将我一天的好心情吞噬在了翻涌的乌云之中。我坐在学校保安室的门口，打电话给母亲大人求救，结果等来的却是让我自己借把伞，自己回家。无奈，我只好戴着帽子冒雨一路小跑。“咦，那个背影怎么那么眼熟？”我揉揉眼睛，看清了。“啊，是爷爷！”我冲上前去，拉住爷爷的手，爷爷冲我笑了笑，递给我一根烤肠。我高兴坏了，一路上小嘴巴止不住地和爷爷讲学校里的八卦新闻，爷爷也饶有兴致地听着我说。

不知不觉，走到了麻将馆。“欸，爷爷的三轮车怎么停在这？这辆三轮车不是早坏了吗？难道是修好了？”我正疑惑时，爷爷坐上了三轮车，挥着手招呼我坐上去。爷爷将伞插在一个凹槽里，我们一路颠簸着到了菜市场。爷爷走到李奶奶的卖菜摊位前。他一边挑菜，一边说道：“你奶奶叫我买点大白菜，晚上给你做你最爱吃的醋熘白菜。”醋熘白菜？ 上一次吃这道菜是什么时候了？ 眼前的景象为什么那么不真实啊？“走啦，你又在看什么？ 又想买啥？”听到爷爷的呼唤，我回过神，发现自己正站在玻璃窗前，盯着一个粉色的水晶球看。 这个水晶球不是下架了吗？ 怎么会在这……

“轰隆”，一声惊雷把我从梦境中拉出。 眼前是一家倒闭的玩具店，但玻璃展柜里却有一颗彩色的水晶球。“爷爷，我想要这个。”一个稚嫩的声音从我身旁传来。 我低头一看，发现身边站着一个小女孩，小女孩的旁边是她的爷爷。 恍惚间，我明白了，原来我自己就是那个小女孩。 我看了看表。 啊，都六点多了，再不回家妈妈可就要“制裁”我了。 我一路狂奔到家。 打开门，一把黑色的雨伞静静地立在那里，爷爷的照片挂在墙上。 我这才记起，原来爷爷已经离我而去了啊！ 我太想他了，甚至忘了他早已离开。

我轻轻合上时光的相册，望着满天繁星。 爷爷在天上看着我呢！ 他会化作一颗璀璨的星星，夜夜守护在我的身边。

点 评

本文在写法上最大的特点是亦虚亦实，梦中有梦，通过五个场景（学校、麻将馆、菜市场、玩具店、家）的有序切换，营造出迷离诡谲的意境，既与雨天这一特定的自然环境同频，也与“我”因思念爷爷而怅惘的心绪合拍，还与翻开、浏览“天堂时光册”的情节设定暗合，可谓十分巧妙。

突围

/赵云飞/

黑棋围白棋，白棋要突围；汉军困楚将，项羽要突围；列强欺中国，中国人民要突围。突围，从来都是危机与未知共存的。要摆脱恐惧与失败，首先要勇敢。

窗外明朗，可数学卷子却没能让我有好脸色。我的心情似乌云一般晦暗沉重。此时不变更待何时？这令我羞赧的、不堪入目的成绩！

如何突围？靠勇气。

回家后，我下定了突围的决心。我硬着头皮订正了错题，摆正了心中的太阳，重新为心火上了油，打算再次燃起希望之光。

第二天日出时分，闹钟尽职尽责地将我从床上拉了起来。我勉强睁开惺忪睡眼，又一次看到卷子上的“80”，立刻睡意全无。吃了早饭，我便信心满满地直奔学校。各个学科的难题犹如一把把利剑直击面门，而我必须与之一一过招，生怕留有一丝破绽。上课时，偶尔我会不经意间走神或干一些不该干的事，但随后又瞬间清醒，开始责备自己。渐渐地，迷茫与困惑好像找不到滋生的土壤，转身离我而去了。

几天后的考试，我如愿以偿地重回巅峰。我心想：这下突围成功了！自此，床头的闹钟又开始了叫醒我的艰难旅程。

几周后，又一次考试，我还沉湎于之前的“赫赫战功”里，对此次考试信心满满。可事与愿违，这张考卷最终成了我的忏悔书。看着惨不忍睹的成绩，我一直想不明白问题在哪里。

回家路上，我低头看着脚下一块接着一块紧密排列的地砖，再缓缓抬头，又看见这些砖头贴合成了一条小路，伸向远处，不禁若有所思。

问题到底在哪儿呢？坚持。“锲而舍之，朽木不折；锲而不舍，金石可镂。”一块砖就像一个脚印，无数块砖就是一条路啊！

我又充满了干劲。书本被我翻开，难题再次如利剑向我刺来。我不慌不忙地应对着一切，驾轻就熟。第二天，我顶着昏胀的脑袋挣扎起床，又开始艰难地在知识海洋里跋涉……渐渐地，我又适应了这种既身不由己又享受精神世界自由驰骋的生活。

无数次太阳东方初升，无数回月亮夜空高悬，我再次突围成功。从此，我的成绩像我自信而笃定的步伐一样，伴我一路高歌猛进。

何以突围呢？

以勇气为舟，劈风斩浪；以坚持为桨，动力不绝。如此，则山海不远，未来可期。

点　评

首先，从宏观角度而言，本文的亮点在于作者写了两次“突围”的经历以及它们分别带给“我”的启示：第一次源于“令我羞赧的、不堪入目的成绩”，最终靠勇气突围，“如愿以偿地重回巅峰”；第二次源于成功之后的掉以轻心，于是“考卷最终成了我的忏悔书”，“我”由脚下的地砖悟出“坚持”二字并以此突围，最终“再次突围成功”。两次经历紧密衔接，两次启示有序递进，体现出作者谋篇布局的用心。

其次，从细节来看，文中三次运用设问，既加强语气，也起到了承上启下的表达效果，使文章的层次感更强。尤其是结尾的设问，一锤定音，收束全篇，既简洁干脆又富有文采，有画龙点睛之效。

最后，本文的文采不只体现在结尾，可谓贯穿全文。以第二段为例，150 字不到的篇幅竟然运用了环境描写、以乐景衬哀情（反衬）、心理描写、想象、反问、比喻、对比、大词小用（夸张）、引用、照应等多种写作手法，佳句频出，令人目不暇接。而如此精彩的文笔也在一定程度上弥补了本文素材稍嫌普通的不足，可以说是化腐朽为神奇，把简单的故事讲得有味道，赋予了庸常的生活表象以深刻的寓意。

文化之光照亮民族未来

/高孝霖/

诚如周国平先生所言："文化是生命的花朵，离开生命本原，文化不过是人造花束。"在浩瀚的历史长河中，无数文明已经悄然湮灭，而中华文明却代代相传，绵延至今。中华优秀传统文化之所以取得巨大辉煌，离不开一代代中华儿女的艰苦奋斗，顽强拼搏。

为发扬中华优秀传统文化，吾辈应在喧嚣之世中坚守本心，延续文化传承，培养文化自信，致力文化创新。

文化断了根源，就像植物失去根系，没有了养分，只会一天天颓败。君不见，宜兴青瓷制作技艺传承人詹杏娣为挽救青瓷断代的命运，公开独家配方，让青瓷能在世间留下一抹亮丽的色彩；"故宫男神"王津择一事，终一生，在故宫修理钟表，彰显新时代的工匠精神；樊锦诗将一生奉献给敦煌，在文化传承中实现自我价值。诗人北岛曾说："不懂得传统的人，正如没有地图的旅行者，不可能远行。"正因如此，吾辈在科技文明发达的当下，更应转过头去，找寻那古色古香的文化，将它们拾起、擦拭，让优秀传统文化在新时代焕发闪亮光芒。

身为当代青年，在时代的浪潮中，还需坚定文化自信。《了不起的匠人》里说："在衰落遗失的边缘坚守，在快捷功利的繁荣里坚持。"我们只有对自身文化发展充满信心，才能继往开来，更好地传承、发扬文化。透过李子柒，我们感受到田园生活的诗意，爱上这来自乡野的烟火气；春晚节目《只此青绿》惊艳国人，其原因在于它展现出了民族文化的独特魅力。是以，吾辈当不忘初心，讲好中国故事，坚定文化自信。

现如今的中国，正以创新为国家发展战略的重心。唯创新者进，唯创新者强。文化也应与创新相结合，在文化创新中谱写新时代的悠扬旋律。且看，罗书环设计美食版二十四节气，让中华美食与农耕文化完美契合，提升了传统美食的艺术性，荣获德国红点设计大奖；非物质文化遗产传承人刘宝万巧妙构思，精心裁剪拼贴碎布头，令布头画重获新生；白先勇打造青春版昆曲《牡丹亭》，一转昆曲衰落之态；中国诗词大会以竞赛的形式，为观众带来了一场场别开生面的诗词盛典。如何在创新中坚守文化、在创新中发展文化，乃当务之急。“传统的箭，说到底是射向未来的。”以创新的方式传承文化、发扬文化，才能让文化站得更稳，行得更远。

常言道，历史是一面镜子，鉴古可以知今，学史可以明智。我们不仅要知道脚步迈向何方，更要明白生命缘起何处。走在古城朱雀的小街，看太白唱醉的明月，望王维心中的空山，听杜甫赞过的春雨——让我们擎起文化自信、传承、创新之火炬，助力民族复兴，让文化之光照亮民族未来。

点 评

作为初中生作文，本文无疑十分惊艳。初观标题，难免给人一种担忧：作者是否能驾驭好这么大的命题？细读之下，不禁释然。作者巧妙地将如何以“文化之光照亮民族未来”的话题分解为“延续文化传承”“培养文化自信”“致力文化创新”三个小命题，围绕这三个分论点，运用丰富的事例与名言进行论证，针对性强，辩驳有力。结尾文字不乏诗意，为本文增色不少。

温柔以待是黄昏

/吴恒予/

从小我就喜欢黄昏。谈不上为什么，也许只是一种单纯的直觉。落日的裙纱延伸得很远很远，整个天空都是柔和的余晖。夕阳忙着给大地着色，我们却打翻了调色板。我和小伙伴们踏着滑板，骑着自行车，追着风，互相喊着、笑着、追逐着。童年的快乐因为黄昏而加倍，每次想起都令我沉醉。

慢慢长大之后，我对黄昏的理解有了一些新的内涵。黄昏开始在我读的诗词里出现，我对它的感受也渐渐变了。不知道为什么，黄昏一进入古人的作品，便充斥着说不完、道不尽的悲戚：“夕阳无限好，只是近黄昏”“落花寂寂黄昏雨，深院无人独倚门”“夕阳西下几时回”“夕阳西下，断肠人在天涯”……从此，每每看到夕阳余晖落在街上的行人和路边的花草上，都会引发我内心莫名的感伤。也许这就是少年不愁强说愁的矫情和不懂强说懂的做作吧。

现在，我上了初中，踏进了青春的门槛。伴着青春的理想与悸动，我开始变得情绪化。有时，与父母一言不合，我会不顾一切地冲出门去，漫无目的地游荡。走在路上，抬头看着落日和晚霞，在心里默默地向它们轻声诉说。它们好像我的知音，将一天中最舒适的微风赠予我，用一抹最慵懒的暖阳照耀我。就算到了最后，夕阳明白自己即将西沉离去，它依然透过树梢，将自己最后的温柔献给我，在大地上写下临别的赠言，照亮我回家的路。

我知道，是黄昏抚平了我内心的躁动，陪我在这不确定的青春期里徐徐而行。每到放学时，黄昏降临，同学们纷纷踏上回家的路，喧闹的校园逐渐变得安静，香樟树斑驳的影子在地上若隐若现。走出校门，暮色变得更浓。晚风穿过路边的竹林，发出窸窣的声响，像有一双手在我的心头轻轻抚摸。在金色的霞光里，迈着轻快的步伐，我回想起一天里发生的事，便觉得这是最明媚的时刻，一切的舒适都无可替代。

黄昏，像一首诗、一支歌、一篇童话、一杯陈酒，像一切美到说不出来的东西。黄昏，是每个日子的总结，按时到来，波澜不惊，是一天中最慢也是最美的时候。黄昏，是日落时的绚烂与辉煌，是喧嚣后的平静，是生命的反思。

在时光的递进中，我终于明白，那最值得被温柔以待的，是黄昏。

点　评

这是一篇富有诗情画意的随笔，也是一篇感悟成长、书写青春的心灵小语。作者谈的既是黄昏，更是青春——是黄昏给“我”童年的快乐时光，是黄昏让“我”染上少年的“矫情”与“做作”，是黄昏治愈了“我”青春期的悸动与浮躁，也是黄昏让“我”感悟生命。童年的快乐是铺垫，青春期的叛逆是正题，黄昏的美好是答案。对于初一年级的同学而言，能有这样理性的思考与流畅的行文，实属难得。

我的现代化生活

/王泽钧/

“月亮在白莲花般的云朵里穿行，晚风吹来一阵阵快乐的歌声，我们坐在高高的谷堆旁边，听妈妈讲那过去的事情……”夏天的夜晚，我总喜欢搬张小凳子坐在院子里，依偎在妈妈身旁，听妈妈讲她小时候的故事。

妈妈的老家在霞浦县三沙镇，这座小镇离台湾基隆仅126海里，可以说与宝岛台湾隔海相望，一衣带水，连平时讲的方言都是一样的。妈妈说，她小时候的三沙镇是一个小乡镇，全镇只有一条沙子路，平常走路去上学回来都要把鞋子里的沙子抖出来。一到下雨天，那更是苦不堪言，整条路坑坑洼洼泥泞不堪，鞋子裤脚统统要接受泥泞的洗礼。妈妈说小时候最羡慕电视里看到的城市里的孩子，他们能在窗明几净的图书馆里看书，能在宽敞的少年宫里学习，然而，妈妈就算到最近的霞浦县城都要翻山越岭，坐两个小时的汽车，更别提两百多公里外的省会福州了。

出生于21世纪的我，自然体会不了妈妈当时的心情。生活在飞速发展的现代社会，我感受到的只有两个字——快捷。三沙镇从2012年开始立足山海资源优势，打造光影特色小镇，大力探索“乡村旅游＋摄影、民宿、文体”发展新路径，走出了一条独具特色的乡村振兴之路。笔直平坦的柏油路代替了坑坑洼洼的泥泞路，海面上还建起了一条风光旖旎的滨海公路。将暮未暮的黄昏，漫步在这条路上，夕阳的余晖洒向海面，海水荡起层层叠叠的浪，波光粼粼，一片金黄，如同一幅瑰丽的画卷，不禁让人联想到“落霞与孤鹜齐飞，秋水共长天一色”的唯美意境。镇上的东壁村也不再是以前那个充斥着鱼腥味的破烂不堪的乡下渔村了，它现在有个响亮的名号——“中国最美滩涂”。远处陡峭的山坡上建起了蜿蜒盘旋的观海栈道，海边的岩石上修起了一条通向碧蓝大海的木栈道，走在上面，能听到海浪拍打岩石的声音，像是在演奏一曲节奏欢快的交响乐。街道巷陌也建起了一座座依山傍水的民宿，在民宿的阳台上等一场日出或日落，是一份能让你无法忘却的美好记忆。

在乡村振兴政策的大力扶持下，现在的三沙镇面貌一新，今非昔比。越来越多的摄影爱好者和游客不远千里奔赴三沙镇，拍日出日落，观绝美海景，吃天然海鲜，好不惬意！

虽然如今我们一家人已经长住福州，但每逢节假日，爸爸还是会驱车带上一家人回老家小住几日，说是不能忘了本、没了根。是呀，现代化生活带来的是便利与舒适，家乡却能抚慰我们的心灵，带给我们归属感。现代化生活与家乡的完美融合，不正是我们梦寐以求的幸福生活吗？

愿家乡三沙镇发展得越来越好，愿乡村振兴政策惠及祖国每一个角落，让所有人都能过上幸福的现代化生活。

点　评

本文题为“我的现代化生活”，写作难度颇高，写作者需要准确把握“现代化生活”的字面意思才能确定好写作方向，不至于离题、偏题。本文作者对这一概念的把握可谓相当精准：一方面是身在省会城市福州的“我”享受到的生活的便捷，另一方面是“我”的家乡三沙镇在乡村振兴的背景下走出的一条充满现代化色彩的发展之路。篇末，作者将二者进行结合，凸显出主旨：现代化生活的“便利与舒适”与家乡给予“我们”的“归属感”完美融合，这就是“我们梦寐以求的幸福生活”。本文不但契合题意，立意高远，而且写作手法高明。作者巧妙地运用对比手法，将两代人眼中的三沙镇具体而生动地呈现出来，落后与现代化相比，形成强烈的反差，增强了表达效果。

物微情浓

/翁悦雯/

物，往往是人们用来寄寓或传递感情的，它承载着人们彼此间的关心、期许、祝福等。有时，一件看似微不足道的物品，却包含了比物品本身珍贵得多的意义。

回望从前，儿时，妈妈工作繁忙，有时很多天我才能见她一面。而每个孩子小时候，对妈妈都是无比依赖的，我也不例外。妈妈每次出门都要躲着我，否则我定会在家里大闹一场，用自己小小的身体挡住大门，阻止妈妈离开。但结局基本都是我哭累了，想睡觉了，妈妈把我哄睡后悄悄离开，或是我被爷爷奶奶从门口拉走，妈妈趁此机会离开。为此，我的小手也不知道被门夹了多少次。

但是有一天，妈妈带回来一样东西。

“宝贝你看，这是妈妈在机场给你买的小被子，妈妈去上班的时候，这床小被子就会像妈妈一样，陪在你身边保护你的！”

天真的我自然信了这番话，将那条雪白的被子看得比黄金还珍贵。在小孩子的世界里，物是鲜活的，我从小就认为所有的东西都有生命，那条被子也是，只是它不会说话，也不会笑与哭罢了。也真奇怪，自从有了这条被子，我对于妈妈的突然消失便没有那么在乎了，晚上睡觉也特别踏实，仿佛妈妈真的每天都在我身边陪伴我，呵护我。

但是，令家人头疼的事情也发生了。

这条被子，我不让洗，不让动，也不让晒。有一次，奶奶想将它送去松棉花，我一脸决绝，双手叉腰，理直气壮地说：“不行，它会疼。”把全家人逗得哈哈大笑。好在家人很尊重我的想法，没有当面伤害我的感情，只是在我去上学时偷偷洗，虽然还是被我发现了，但事情已经发生了，我便也没那么难过了。我也曾放出“豪言”：“等我上大学了，工作了，我还要带着它……”

就这样，这条被子陪伴我度过了整个童年，成了我的精神寄托，陪我熬过一个个黑暗而又漫长的夜晚。只是记不清从哪一次睡觉开始，我的身旁再也不见它的身影了。

某个晚上，我正在衣柜里翻找毛衣，突然，一团用防尘袋裹住的东西从头顶落下，掉在了我的脚边。我打开一看，儿时的回忆涌上心头。外层的被套已破旧不堪，但依旧雪白，像妈妈对女儿纯粹无私的爱。我将它展开，曾经能包住我整个身躯的被子，现如今小得就像一条浴巾。但我知道，物微情浓，它的意义非同寻常——它所承载的，是一个母亲对子女最深沉的爱，也是我那随着年龄的增长而逐渐模糊了的童年。

点　评

这篇文章让我想起八年级上册语文教材里《庭中有奇树》的两句诗：“此物何足贵？但感别经时。”无论是诗中的花还是本文中的被子，都是普通之物，微不足道，谈不上珍贵，但为何值得一书呢？因为它们都包含了浓浓的深情，这就是所谓的“物微情浓”。因为情感的加持，物便有了特殊的意义，有了生命中难以承受之重。本文就是这样的一篇借物抒情的美文，虽然语言不事雕琢，正如文中简单朴素的一床被子，但因为母爱的温暖交融其中，平淡的语言并不让人觉得乏味，文章也有了感人至深的力量。

消息二则

/齐美妍　李知远/

立志中学学员在幸福庄园研学

福州立志中学师生于2024年8月31日在永泰幸福庄园研学实践营地开启了为期4天的研学实践活动，度过了一段充实而美好的时光。

到达研学基地的当天下午，开营仪式顺利举行。校领导和营地总教官分别代表学校与研学营地发表讲话。同学们聆听发言，专心致志，现场不时爆发出热烈的掌声。开营仪式结束，初一、初二学生正式开启研学实践活动。其间，同学们还依次体验了拔花生、磨豆浆、做葱饼，开启电工、木工、茶道、香道等劳动教育与文化体验课程，锻炼了动手能力，丰富了文化认知。在投壶、射箭、抛飞盘、冰壶等游戏中，同学们也感受到了竞技的欢乐以及团队活动的乐趣。联欢晚会上，同学们展示出多才多艺的一面，为本次研学活动留下一抹难忘的色彩。

本次研学之旅让立志学子们收获满满，既拓宽了视野，增长了见识，也为即将到来的开学季蓄能。同学们对新学期满怀期待，信心更足了。

高温延迟开学，保障师生安全最重要

近期，全国多地持续遭受高温侵袭，部分地区气温屡创新高。为确保广大师生的身体健康与安全，多个地区的教育部门相继宣布推迟2024年秋季开学时间。

自7月以来，我国中东部地区出现长时间、大范围的高温天气，部分地区气温高达40℃以上，中央气象台接连发布高温红色预警。据气象专家分析，短期内高温天气还将持续。

面对这一极端天气现象，各地教育部门迅速采取措施，延迟开学。各学校已对教室、宿舍等重点区域进行全面检查，并通过班级群发布信息，通知学生减少户外活动时间，预防中暑与热射病。

此次开学时间调整体现了教育部门对学生身体健康的关注。相信在全社会的共同努力下，我们必将战胜高温考验，迎接新学期的到来！

点 评

新闻写作是八年级上册语文第一单元的作文训练内容，这两篇作文可以作为很好的范本，供同学们学习与参考。新闻的特点是具有时效性、真实性与简明性，尤其是消息，以上两则消息都充分体现了这三个特点。在结构方面，两篇短文也把消息“倒金字塔”的结构特点展现得淋漓尽致，最重要的内容先讲，次重要与最不重要的接着讲。第一则，首段是导语，第二段按时间顺序交代研学活动的内容以及同学们的表现等，末段写研学之旅的意义；第二则，开篇是背景与导语，第二段是对背景的进一步阐述，第三段讲述各地教育部门的应对措施，收篇补充交代延迟开学的意义并与上一则相似——以对新学期的美好展望作结语，融入强烈的主观情感。

星

/刘予辰/

透过窗户，看到黑漆漆的天空中所有的星辰都隐没在黑暗里，我想，不会再回来了。

“爸爸。”他叫道，“我听说在你们那一代，还有鱼？”

我点了点头，眼睛仍然看着窗外。

“那，鱼是不是像潜水艇那样，可以在水里自由地游来游去？”他又问。

我笑了："在我那个年代，都是说潜水艇像鱼那样游来游去的。那时候，在潜水艇上能够看到各种各样的鱼在周围环绕，有的只有一个指头那么大，有的却是庞然大物，在体积和质量上比潜水艇大了许多，一张嘴就能卷起一阵水流，将小鱼吃进去……"

"我知道！我在书上看到过，那是鲸鱼！"他兴奋地叫道。

"是！那是鲸鱼……可是现在……"我轻轻地叹了口气。

"可是，我听说在博物馆还有几条鱼，我们可以到博物馆去看鱼啊。"

也只有博物馆才有鱼了，往事不可追啊！我在心里哀叹着，默不作声。

…………

外面是一片可怕的寂静。儿子突然兴奋地指向窗外："快看！那颗星星好大！"

顺着他手指的方向看去，我的眼睛湿润了。

"爸爸，你了解这颗星星吗？"儿子目不转睛地盯着星星。

那颗星星其实并不大，但却是天空中唯一能够看见的星星。它发出淡淡的蓝光，不时有红光闪烁其中。

"嗯，它的半径是 6300 多千米，年龄有 46 亿岁，但它不是自己发光的，它的光是反射的太阳光。"

儿子的提问让我的心绪难以平静，回忆浮现，又占据我的大脑。

那是科技飞速发展的黄金时期，许多国家已经有了更为高级的航天技术，可控核聚变也有了极大的发展，但地球的温室效应也急剧加重。对此，联合国不得不进行干预，要求这些国家用现有航天手段把部分使用可控核聚变的工厂和航天发射中心迁至太空，但这并没有阻止地球气候的恶化。在一次核聚变工厂搬迁途中，飞船因意外在臭氧层爆炸，泄漏的气体与臭氧层发生反应，臭氧层因此遭到破坏，这意味着宇宙射线可以长驱直入，直达地表，杀死所有地球生物。在这种情况下，联合国只好……

“爸爸。”儿子又打断了我的思绪，“你知道这颗星的名字吗？”

我再次看向窗外，那颗星在我的视野里缓缓移动，投过来的红光让我心如刀绞，而蓝光又让我倍感亲切。我的眼眶模糊了。

儿子扯着我的手臂：“爸爸，你怎么哭了？”

我擦干眼泪，对他说：“它叫地球，是我们曾经的家！”

点　评

本文以人物对话为主，想象力丰富，构思巧妙，以小见大。文章由三个片段紧密地衔接在一起，分别是父子谈鱼、父子谈“星星”、“我”回忆往事。其中，“我”回忆往事是插叙段落。在写法上，作者层层设疑，用所有星辰隐没、博物馆里才有鱼、“星星”闪烁蓝光与红光等离奇情节吊足读者的胃口，篇末揭示谜底，在得失之间、今昔之别中留给读者深刻的思考：科学技术的进步与地球生态的维护该如何平衡？失去了家园，人类该何去何从？本文有浓烈的警醒意味。

遗憾也美

/周妍汐/

有些时候，学会放弃并不是坏事，即便留下了永久的遗憾，也值得。

秋天的傍晚总是格外迷人，风将树叶吹得沙沙作响，阳光给城市披上一件金黄的大衣，放学回家的我也因为眼前美丽的景色心情格外好。刚进小区，我就看见一只灰色的小鸟躺在路中央。它的眼乌黑乌黑的，流露出一丝惶恐，仿佛在向我求助，又怕我伤害它。它的右翼有一些弯折，其他地方没有伤口。它的羽毛凌乱不堪，如同从垃圾堆里艰难爬出来的幸存者。这只小鸟让我动了恻隐之心，我抱着试一试的心态把它带回了家。

妈妈陪着我给小鸟找了兽医医治。万幸，小鸟只是折了右翼，没其他的疾病。于是，我们每天都细心照料它，按时给它换药。它喜欢站在我的书桌上看我写作业，我闲下来的时候也会逗它玩。按照医生的嘱咐，我带它做康复训练，让它的翅膀好得更快一点。慢慢地，我发现，我的娱乐活动不再是一味地看电视、刷视频，老师还夸我学习状态变好了呢！这只与我有着特别缘分的小鸟在无形中成了我最好的玩伴。

转眼间就过了两个月，小鸟的情况越来越好，从一开始只能在家里跳来跳去，到后来可以低飞一段距离，最后竟可以在家里到处乱飞，有时还会把一些轻的东西撞倒。这意味着，它已经完全康复了。

但我的情绪却越来越低落，因为我不止一次看见它在阳台和窗边徘徊，每当出现这种情况，我都会把它抓回来。我知道，它不再需要我们了，可我依然想和它多待一些日子，甚至希望它的病慢点好。妈妈经常对我说："它想飞走就让它去吧。"我拿不定主意，于是把小鸟关在笼子里，不再让它出来。

后来，我过生日，收到了一本很精美的漫画书，我迫不及待地翻开看。看到其中一篇时，我呆住了。它的内容大概是：人们把星星摘下来售卖，导致天空中只剩下深蓝色，但后来有人买下了所有星星，然后将星星放回了属于它们的夜空。书上有这么一句话："与美好的事物保持距离，才能看见它们最美的一面。"是啊，世间万物都有自由的权利，我们又有什么理由因为自己一时的私欲而霸占动物们的自由呢？我也常对那些把动物作为私人观赏物的人嗤之以鼻，但我现在不也成了那种人吗？我暗下决心，就算留下遗憾，也要看见它最美的样子。

于是，这只小鸟离开了我的世界。但看到它飞向天空时那洒脱的姿态，我觉得一切都值得，那是自由之美。

虽然小鸟没有留在我身边，但大自然中又多了一抹亮丽的色彩。有时，学会放弃，留下遗憾，未尝不是一种美。遗憾，也美。

点　评

人类是万物之灵，于是在不知不觉间，我们便轻易形成了以人类自我需求的满足为本位的生存逻辑，向大自然无尽索取，剥夺其他动物的生存空间，粗暴干涉它们的自由。这一切源于贪婪，也体现出对生命的不尊重。本文以此为话题，思想深刻，立意高远。作者借“我”与一只小鸟的相遇、相处、分别的故事，有力地道出“我”的立场：“世间万物都享有自由的权利，我们又有什么理由因为自己一时的私欲而霸占动物们的自由呢？……学会放弃，留下遗憾，未尝不是一种美。遗憾，也美。”

这是一篇应试作文，不少学生在审题上会疏忽大意，对“遗憾也美”的理解不到位，导致选材不当，闹出笑话。比如，有的同学会写亲人过世、消防员牺牲、八国联军侵华等事例，“遗憾”是有，但“美”实在过于牵强，无法自圆其说。因此，面对作文题目时，同学们一定要参透词义、句意，切莫掉以轻心。

以梦为舟

/施想/

王尔德说："我们都生活在阴沟里，但仍有人仰望星空。"诚如斯言。巍巍华夏日新月异，世界浪潮浩浩荡荡，吾辈青年唯有载一抱素展弘毅，以梦为舟谱新篇，方可展凌云之志，承日月之光。

以梦为舟，得以实现自我价值，玉汝于成。中华民族逐梦的身影从夸父追日、万户飞天的广袖中迤逦而来。新故相推，如今的后来者亦须不忘初心，以梦为舟圆今朝。君可见，视障女孩周文晴眼中仅剩光感，却以自强之梦为舟搏击人生，最终步入中国人民大学的殿堂；君可见，"新愚公"李保国扎根太行山三十五年，拓荒守梦，用科技换绿意苍翠；君可见，中国女足姑娘们怀揣金色梦想，令"铿锵玫瑰"问鼎亚洲之巅。由是，吾辈也当以梦为舟，追逐荣光熠熠，开拓崭新未来。

以梦为舟，得以筑牢时代根基，勇立潮头。在他人甘于平凡，"摆烂""躺平"之风盛行的当下，仍有人在茕茕踽踽，兀兀穷年，一心逐梦，纵使满头青丝变白雪也不悔其志。他们既成就了自己，更为这个时代贡献了一种超卓的风采、引领的姿态。且看，90后苏绣传承人姚兰以复兴传统文化之梦为舟，为时代装点满船古韵星河；且看，华中农业大学本禹志愿服务队以服务人民之梦为舟，贵州支教十六年，用教育情怀传递民族薪火；且看，排雷英雄杜富国临危不惧，以矢志报国之梦立心天地，在滔天洪流中奋勇行舟，以坚定信念喊出时代强音：“虽然失去了双手，但我还有双腿，可以继续为梦想奔跑。”如是，我辈也当以梦为舟，做时代弄潮儿，以青春之梦传唱最美旋律。

以梦为舟，得以讲好中国故事，再续华章。悠悠华夏五千年，回望百家争鸣的春秋，盛世繁华的唐宋……自强不息的中国梦始终绽放于这片广袤土地之上。航天工作者赤心贯苍穹，飞天追梦想；冬奥小将踏雪载梦，彰显中国精神；抗疫“逆行者”肩负重任，守得春暖花开、山河无恙……中国梦攸关你我，唯有以梦为舟，民族未来才将仓箱可期。

乔木亭亭倚盖苍，栉风沐雨自行舟。吾辈正值初三之关键节点，唯有砥砺前行，以学习之梦为舟，秉持胼手胝足的恒心，坚守对美好未来的向往，方可苦尽甘来，在不远的中考中摘取丰硕回报，在更广阔的人生旅途中扬帆破浪。

以梦为舟，载一船荣光驶向理想的彼岸，吾辈定能筑青春自强之梦，圆中华富强之梦！

点　评

本文语调铿锵、情感饱满、文采飞扬、论证严谨，是一篇说服力强又值得回味的美文。在谋篇布局方面，作者开篇点明中心论点；紧接着以三个分论点进行有力支撑，层层递进，论证中心论点；收篇结合自身学习体会简要地谈以梦为舟的意义，直抒胸臆，让情感喷薄而出，鼓舞人心。

这就是我

/林伊璿/

在茫茫人海中，我是一个普通人，但我也是这个世界上独一无二的存在，拥有他人无法复制的灵魂和思想。我热爱生活，热爱世界，更热爱我自己。我渴望在这浩瀚的宇宙中找到属于自己的位置，用笔描绘出属于我的色彩。

我是一个矛盾的综合体。我既是一个内向的人，又是一个外向的人。我喜欢独自思考，享受安静的时刻，譬如在深夜听窗外淅淅沥沥的雨声，听雨滴打在树叶上，落进我心里；我也喜欢与人交流，享受社交的乐趣，在欢声笑语中寻找存在的意义。我喜欢探索未知的世界，尝试全新的事物；我也时常回望过去，在蓦然回首间发现曾经的美好。这样矛盾的我是不是很有趣？

我是一个热爱生活的人。我喜欢云，喜欢山，喜欢阳光，喜欢影子，喜欢晚霞，也喜欢野草和花，喜欢那些仅存片刻、触我心弦的事物。时光总会消逝，我们也终究要和世间万物告别，生命美好而短暂。变化万端的云霞，不抬头看，就可能转瞬即逝；蝴蝶可能在枯叶凋落的那一秒停止扇动翅膀；购物车里的物品可能明天就下架……很多事没有来日方长，为何不趁现在就尽情地热爱？人生苦短，唯有热爱经久不息。

爱生活的人必定也是一个梦想家。我拥有无数个梦想，每个梦想都如一颗璀璨的星星，连接、拼凑出生命的蓝图，照亮我前进的道路。小时候我想成为一名宇航员，去太空寻找下一颗人们赖以生存的星球；后来我想成为玩具公司的老板，拥有数不胜数的玩具；现在我想成为一名作家，用文字描绘出大千世界的绚丽与奇妙。我还想成为一名厨师，用美食给人们带来快乐；我希望成为一名探险家，去陌生的国度感受异域风情，领略大自然的鬼斧神工……这些梦想好像风铃般挂在我的心头，风一吹，便在我心里摇曳出清脆悦耳的声音，为我指明前进的方向，为我的前行带来不竭的动力。

我还是一个有责任感的人。我知道，每个人都有自己的责任和使命，我当然也不例外。我总是竭尽所能去完成每一个任务和目标。当我的努力得到了回报，我会坚定地告诉自己："我配得上。"纵使结果不如意，我也为自己的付出而喝彩。花开花落，抽芽重生，那是一种力量，伴随我度过无数个春秋。

"苔花如米小，也学牡丹开。"这就是我，一个普通而又不平凡的女孩。人生来就不同，生命是一种属于自己的感受。我要等，等到春暖花开；我要走，走到灯火通明，然后在灯火阑珊的尽头熠熠生辉。慢慢又漫漫，漫漫亦灿灿。我们每个人都独特而珍贵，所以勇敢地追求和热爱吧！愿我们以渺小启程，以伟大结束！

点　评

本文主要有两个亮点。一是结构。作者从四个方面来介绍自己，分别是性格（矛盾综合体）、爱好（热爱生活）、梦想（梦想家）、人生态度（有责任感），先后有序，详略有别，层次感很强。二是文采。既然是一篇散文，就该有散文之风韵、散文之神采。如果语言表达中规中矩，放不开手脚，不免给人寡淡之感，少了点趣味。本文处处流淌着作者浪漫的想象、诗意的表达，给读者以丰富的美的享受与透彻的心灵滋养。

这岂是一件小事

/王若铃/

看电影的时候你可能会发现，一些小片段给你带来的感受反而更独特、更难忘。生活也一样：那些微不足道的小事虽朴实无华，却能让你记住好久好久，每当想起，便会留下满满的感动。

对我们家而言，有一件事成了“必修课”：每当早晨我要去上学时，妈妈总会和我说一声“拜拜”；而到了晚上我回到家，第一件事便是自觉地喊一句“我回来了”。

其实，这个习惯一开始并没有养成。最初，妈妈早上总会对我说一声“拜拜”，但我通常并不会回应她，更不用说晚上主动“报到”了。因为在当时的我看来，这是一件平平无奇、无须在意的小事。

然而意外发生了。有一次，我起晚了，急急忙忙背上书包，塞了几口早饭便出了门，甚至来不及和在阳台上洗衣服的老妈打声招呼。上了开往学校的公交车，我才猛然想起来，心里不由得开始忐忑起来：老妈知道我出门了吗？她会不会有什么事想跟我说？我当时出门的时候关了门吧，她有没有听到关门声呢？……这般胡思乱想一番后，我心里更乱了。到了学校，心里还是堵堵的，导致我几乎一整天都没有好心情。

晚上放学回到家，我便迫不及待地打开门大喊：“老妈，我回来了，老妈！”说完便四下寻找妈妈的身影。

“啪嗒啪嗒”，妈妈踩着拖鞋快步走过来，用惊讶的眼神看着我，有点疑惑地问道：“你今天居然一回来就喊我啊！该不会在学校里惹事了吧？”

“才没有呢，”我惦记着早上的事，急忙问她，“你早上知道我出门了吗？我是不是忘记关门了？”

“呃”，老妈眨了两下眼睛，调皮地说道，“知道啊，你当时关门‘咚’的一声巨响，整栋楼都听得见……”

“哦。”我心里顿时轻松多了，想到自己竟会因为忘记跟妈妈道别而整日失魂落魄，不禁感到可笑。

自那以后，出门时与妈妈道别便成了一种约定俗成的习惯。有时，“拜拜”之后，她会加上一两句叮嘱的话，不厌其烦；而每次到家，“我回来了”之后，我也会谈起一天里学校发生的最有趣的话题。

我终于明白，有些事情看似细微，却绝非小事。在生活中，我们会把对他人的爱通过一种简单的方式表达出来，让自己的心与对方的心靠近一点点，而正是这多出来的一点点，成为生活中独一无二的美好。也许，这就是生活的真谛：平凡，却纯粹，直抵心灵。

点　评

本文可谓以小见大、见微知著的佳作。作为应试作文，作者的构思紧紧围绕题目展开："一件小事"指的是自己早出晚归时与妈妈的相互道别、问候；"岂是"道出作者鲜明的立场，即本文的主旨——小事不小，平凡之中蕴含生活的美好，琐碎之处见真情。除了对题意的精准把握，本文的亮点还有两处：一是叙事节奏疾徐有度，人物描写生动形象；二是首尾将情与理巧妙融合，让文章的思想性明显增强。

拙政园记

/陈奕宏/

甲辰仲春，适苏州拙政之园。时逢小雨，天微寒。余徐行其间，不知时久。

初入，见一堂，堂后有巨石，石尽奇绝之态。渐行深，有湖贯然，绿荷星布，红鲤空游，神自在也甚。岸上石径明隐，花木盛放，轩室错落，飞虹横斜。游于其中，殆可尽园林之乐也。

路回步转，又遇一堂，曰远香。堂内奇花异卉，莫不极颜色之艳，绝姿容之巧，共发一堂之间，诚可奇之也。游人驻足，靡不停而赏之；飞鸟敛翅，皆有痴而望之。芳香遐迩，亦淡亦新，决胜椒兰，远过麝香。

探既深，见愈妙。亭四面环荷，轩三处临山，石桥连而隔水，松盖张而揽天。廊腰缦而悬荷上，檐牙高而飞枫间。黑瓦叠而相倚，白墙列而互联。时雨蒙蒙，晓烟漠漠，实是人间之紫霄，凡尘之九重。怪石嶙峋，古木茂苍，复如繁华中见宁静，市井间得自然。

呜呼！园之美，人心之美也。心美则园美，心俗则园俗。是故心须修，然后外物芳。奈何世急躁而心烦乱，世近利而心远道乎！噫，何时得一园而心安居，择寸土而心沉静耶？此空谈而虚耳，吾不若反求诸己。

点　评

游记不是游玩攻略，也不是普通的记叙文。要写好一篇游记是很难的。作者不但要让读者对其游览的对象有全面而周到的了解，而且不能面面俱到、事无巨细，要有选择地介绍，有角度地评议，有深度地说理。总之，既要写出游览对象的特点，又要注入作者的感悟，引发读者深层共鸣，方为上品。用古文写一篇游记，难度则又翻倍了。作为初三学生，作者能有这样的勇气与才气，实属难能可贵。

本文在写法上沿袭古人作亭台楼记的一贯风格，即先状物——绘拙政园，再抒怀——论静之道，层次感很强，感染力十足。读罢此文，读者想必也会跟我一样，不禁叹服拙政园之美，佩服作者的真知灼见。

细节而言，作者也是花了心思的。首段主要交代游玩时间、游玩对象以及天气。主体部分的三个段落按游踪顺序分别介绍了初入所见之景、路回步转之后所见之景以及游园深处所见之景，层层递进，美上加美，以至于作者感叹“实是人间之紫霄，凡尘之九重”“复如繁华中见宁静，市井间得自然”。收尾，作者先悟出心修而外芳的道理；接着感慨世人急功近利的现状；最后一语中的，道出深刻体悟：“得一园而心安居，择寸土而心沉静”乃空谈，不如“反求诸己”，掷地有声，振聋发聩。

最后，我们还是要意识到，作文能力的培养离不开语文素养的提升，尤其是写就这样的一篇作文，作者不但要有全面的文言文知识的积累，还要对文体特点有深刻的了解。可见，作文即语文，写作即阅读，表达即思考。

后　记

本书是“有才作文”系列的第四本，收录了近两年我创作的文章以及学生写的优秀作文，分为上、中、下三卷：上卷是我的文章，中卷是学生的同题作文，下卷是非同题作文。上卷的这些文章多数在《海峡教育报》发表过，感谢张敏主任和方格编辑的约稿，让我有动力把这些粗浅的教学经验记录下来，也希望它们能对老师们的教学与同学们的写作有些许帮助。中、下卷学生的优秀作文是本书的重点，这些作文堪称一流，也在我的公众号“有才作文”发表过。跟前三本作文书一样，每一篇作文我都在尽量保持学生作文原貌的基础上进行细微润色，以期更完美；我也一如既往地对每篇作文进行点评，提取亮点，把精彩妙笔呈现出来，供同学们学习、借鉴。

作文教学肯定是有方法的，方法得当，则事半功倍；方法不当，老师劳而无功，学生迷惘无所得。在我看来，教作文的第一要务莫过于激发学生对于作文写作的热情，唤醒他们心中潜藏的对于文字表达的热爱，这也是我一直以来坚持的做法。如果作文有密码，那一定是热爱——教师把自己对文字的热爱传导给学生，学生把这种热爱转化成文字，这是多么有意思、有意义的传递与延续！

作文不等于文学，学生写一篇作文与作家创作一篇文学作品在一些方面是大不相同的。但作文的灵感、作文的兴趣、作文的技巧都可以从文学中获得。给学生提供高效而实用的文学作品的熏陶以及真正拉近学生与文学本身的距离，则是唤醒同学们文字表达欲望的良好的途径。一方面，我们要意识到，不是所有的优秀文学作品都适合推荐给初中生阅读，教师需要做一些筛选，挑选出最适合的那一部分作品作为同学们的课外读物。所以，我提倡多读诗，读唐诗宋词、小品文、散文、杂文、小小说，读简短却意蕴悠远的作品。另一方面，光有合适的文本摆在面前还不够，读书百遍，其义未必见，读书一定要读透，看到不等于知道，一定要读到心里去——知晓每个字的本义，推敲每个句子的表达，梳理每个段落间的关联，体悟整个作品的内涵。在“大”已经成为语文教学关键词的当下，我更在意的是“小”与“细”。“大”是愿景、能力，“小”与“细”则是方法、训练。没有扎扎实实的“小”与“细”的累积，“大”注定会成为空中楼阁。对于作文教学而言，让学生爱上静静地阅读，学会细细地揣摩，培养写作的耐心，养成推敲的习惯，这些可能是当务之急。

除了阅读文学作品，阅读优秀范文也必不可少。我坚信，一篇立意高远、取材新颖、结构精巧、语言优美的优秀范文的实际效用可能要胜过无数不切实际的长篇大论。优秀范文的意义不仅在于它提供了一种崭新的行文思路，更在于它以具象而生动的形式建立起了一个关于写作欲望与写作信心的平面直角坐标系。有了它，一切将变得清晰与明朗：学生更容易在作文写作中找到自己的位置，确立自己的目标，采取适当的举措。

总之，教师不能站在作文之外教学生写作文——想要让学生爱上文字表达，教师必须自己先做汉语忠实的信徒；不能躲在学生背后看学生写作文——而是要走到前面，引领他们去跋山涉水，学会用文字记录生活、发表感悟、抒发情感。

以上是我关于作文教学的一些经验、一点浅见，不知妥当与否，还请各位方家不吝赐教！

不知不觉，“有才作文”已走过了四个年头。其间，我自己创作的文章加上学生创作的作文，数量之多连我自己都感到吃惊。一开始，我是毫无顾忌地写，心中想什么就写什么；后来，慢慢变得谨慎起来——没有很清晰的思路、有创见的观点，宁可不写。学生的作品能打动我的也越来越少。不是因为他们的水平降低了，而是我的眼光变得苛刻了。我想，这是一件好事。对于我来说，我在寻找一条突破自己教学舒适区的崭新路径，而这注定不会是一条平坦之路；对于学生而言，他们也要从简单的、熟悉的写作套路中突围，找到更适合他们自己的、更能打动读者的、更高明的写法。时代在进步，教学也一直在改革，唯有变才是不变的应对之道。

跟众多语文老师一样，这么多年来我也一直尝试对“好作文的标准是什么”“怎样写好作文”等问题作出解答。答案肯定不是唯一的，我也不认为自己找到了那个最佳的答案，但我确信自己在一步步地靠近它、抵达它。而这对我来说已经是巨大的幸福了。感谢这几年来陪我一起在作文之路上跋涉的同学们，是你们给我教学与创作的灵感，也让我更加坚信探索作文之道的意义；感谢陈秀、叶孔亮、李沁沁、郭丰婷等老师（恕不一一具名）不辞辛劳，屡次担任“有才作文”的点评嘉宾，给同学们悉心的指导，也让我受益良多。

最后，希望“有才作文”能激发同学们更浓厚的写作兴趣，增强同学们的写作信心！

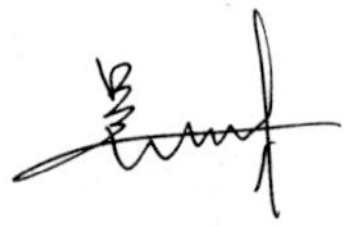

于福州青藤书屋

2025.1.2